Aristóteles no mundo digital

A Comunicação no Século XXI

Vera Iris Paternostro

ACTUAL

Aristóteles no mundo digital

Actual é um selo da Editora Almedina do Grupo Editorial Alta Books (Starlin Alta Editora e Consultoria LTDA).

ISBN: 978-65834002-15

Impresso no Brasil — 1ª Edição, 2025 — Edição revisada conforme o Acordo Ortográfico da Língua Portuguesa de 2009.

Dados Internacionais de Catalogação na Publicação (CIP)

P295a
1.ed.- Paternostro, Vera Iris.
Aristóteles no mundo digital: A comunicação no século XXI / Vera Iris Paternostro. - Rio de Janeiro: Actual, 2025.
304 p.; 15,7 x 23 cm.

ISBN 978-65-834-0021-5

1. Comunicação digital. 2. Jornalismo. 3. Storytelling. 4. Filosofia aplicada. 5. Narrativas digitais. I. Título.

CDD 302.23

Índice para catálogo sistemático:
1. Comunicação digital aplicada à narrativa - 302.23

Grupo Editorial Alta Books

Produção Editorial: Grupo Editorial Alta Books
Diretor Editorial: Anderson Vieira
Editor da Obra: Gorki Starlin
Vendas Governamentais: Cristiane Mutüs

Produtora Editorial: Diego Gonzalez
Diagramação: Diego Gonzalez
Revisão: Vera Iris Paternostro
Capa: Diego Gonzalez

ALTA BOOKS
GRUPO EDITORIAL

Rua Viúva Cláudio, 291 — Bairro Industrial do Jacaré
CEP: 20.970-031 — Rio de Janeiro (RJ)
Tels.: (21) 3278-8069 / 3278-8419
www.altabooks.com.br — altabooks@altabooks.com.br

Editora afiliada à:

Ao Luiz, sempre.

Aos queridos Betina e Raphael.

Agradecimentos

Aos que incentivaram palavra por palavra. *Escreve, Vera, escreve!*

Aos que persistiram em conversas informais, nos encontros do café, na troca de ideias, *Ana Paula Goulart de Andrade*, *João Rocha*, *Paulo Roberto Amaral*, *Theresa Walcacer*.

Aos que fizeram as observações necessárias, *Edney Silvestre*, *Wanessa Andrade*, *Bruno Rodrigues*, *Klara Duccini*, *Roberto Paternostro*.

À *Isabella Guberman*, pela revisão cuidadosa e ímpar. Ao *Gustavo Visconti*, pela ilustração da Jornada do Herói. Ao *Marco Pace*, pela presença na edição.

À turma que segura a rede do trapézio — o time dos bastidores que apoia, acode, desempenha e resolve, faça chuva ou faça sol, tenha arritmia ou tropeção.

E, finalmente, aos que — desde o início até agora e sempre — estão presentes no cotidiano, em momentos pequenos e grandes, no calor da amizade.

Introdução

Quando você decide publicar algo na internet, você decide *contar uma história* com os recursos que possui, tecnológicos e intelectuais, no formato que deseja.

Para se conectar com seu público de seguidores, precisa entregar uma história de valor, que provoque envolvimento, aderência, elo emocional e crie engajamento. Certo?

Então... intuitivamente ou não, você usa conceitos criados há milênios e que permanecem irretocáveis até os dias de hoje.

Milênios atrás, quem encontramos? *Aristóteles!*

Sócrates, Platão e Aristóteles são os filósofos da Grécia Antiga que mais influenciaram a cultura ocidental. Os três imprimiram suas marcas na cultura, na política, na ética, na filosofia, na ciência e em muitas outras áreas do conhecimento. Seus pensamentos e teorias permanecem atuais; são objetos de estudo e pesquisas de professores, filósofos e acadêmicos em todo o mundo.

Aristóteles foi um *polímata* — a pessoa que tem conhecimento abrangente e profundo sobre diversos assuntos. Ele estudou e escreveu tratados completos sobre estética, dramaturgia, lógica, política, ética, retórica, zoologia, metafisica, biologia e botânica.

Ainda assim, o que mais me encanta em Aristóteles são suas teorias sobre gêneros literários, nas quais, há mais de 2 mil anos, define *os elementos de construção de uma história*.

E sim, essas definições são as que você usa!

Na sua obra fundamental sobre a arte teatral, a *Poética*, ele analisa profundamente e define o modo de ser da epopeia, tragédia e comédia. Os princípios das teorias modernas de arte têm suas origens nas teorias de Aristóteles. E, de forma extraordinária, seus conceitos ultrapassaram os séculos, são contemporâneos; estão presentes em nosso tempo, o *Século XXI*.

Em textos longos ou curtos, com fotos ou não, em podcasts, short videos, reels, vlogs, blogs, posts, áudio posts, stories, memes, GIFs, lives, no Instagram, TikTok, X, Threads, LinkedIn, YouTube, sites, plataformas...

Em todos os formatos e em todas as redes que se entrelaçam no grande espaço virtual da comunicação digital, por entre milhões de dispositivos conectados, unindo hemisférios do planeta, *histórias são contadas como Aristóteles definiu*!

O legado de Aristóteles é o alicerce para quem, como nós — comunicadores, jornalistas, produtores de conteúdo —, conta histórias.

Lá atrás, no século I.V. a.C., na *Poética,* ele constatou:

Uma história tem começo, meio e fim,

peripécias e catarse.

Desde então, essa é a lógica que se considera fundamento na construção de uma história, incluindo naturalmente, as atuais narrativas digitais que navegam nas redes de conexões e compartilhamentos.

Os elementos definidos por Aristóteles, embora hoje pareçam triviais, ainda determinam o sucesso ou o fracasso de uma obra criativa, de um romance, de uma novela, de uma série, de um filme e — sim — *até mesmo de um vídeo de trinta segundos na sua rede social online preferida*!

E, adivinha? No capítulo **Prólogo, Episódio e Êxodo**, você encontra as definições de Aristóteles para adaptá-las da forma que desejar ao seu conteúdo digital!

Nos atuais tempos líquidos, instantâneos, tecnológicos, virtuais, das nuvens e dos drives, milhares de histórias disputam um lugar ao sol, ou milhares de narrativas disputam um lugar no espaço hiperconectado virtual global.

Com certeza, você também quer que sua história conquiste um lugar nesse mundo.

Ao partilhar experiências, vivências, informações, ideias, opiniões, sentimentos na internet, você quer se comunicar, quer que seus seguidores respondam com cliques, comentários, *emojis*.

Pois é dessa forma que você participa do *diálogo universal estabelecido pelo processo de comunicação no cenário digital*.

A *comunicação* acontece quando um emissor transmite uma mensagem para um ou mais receptores. A transmissão da mensagem pode ser em linguagem verbal, não verbal, visual, escrita, gestual e até outras.

Mas, a comunicação só é eficiente quando inexiste o ruído, ou seja, quando o receptor entende perfeitamente o que foi transmitido pelo emissor.

E essa ação resultar em uma resposta, iniciando a troca de mensagens entre emissor e receptor.

No mundo da internet, cliques e comentários instantâneos em resposta a uma mensagem significam que o receptor está ativo, atuante, atento. Aí se dá a *interatividade digital* — a experiência participativa em que as pessoas (receptoras) se envolvem diretamente com o conteúdo online.

Sempre que você publica algo na internet está dentro do processo de comunicação, já que sua expectativa como emissor é a interação com o receptor.

A comunicação se estabeleceu entre os homens, desde sempre, através de histórias. A *comunicação online* também acontece através de histórias, algumas indissolúveis mesmo que desapareçam 24 horas depois de publicadas.

Cheguei ao universo do jornalismo recém-saída da Escola de Comunicações e Artes, da Universidade de São Paulo. Nunca me imaginei como jornalista de TV, mas um estágio informal mudou tudo. Percorri os caminhos desafiadores do jornalismo audiovisual por 46 anos com algumas poucas exceções, além da dedicação ao ensino do jornalismo e à formação de jovens jornalistas.

Desde que escrevi O Texto na TV — Manual de Telejornalismo em 1987, *com várias reedições e atualizações, sou grata por descobrir quantos jornalistas se encontraram e aprenderam com o* Manual. *É um livro pequeno, prático e didático, até hoje bibliografia das faculdades de comunicação. Ele ainda me proporcionou, além de amizades e parcerias inesquecíveis, viajar pelo Brasil para cursos e palestras em universidades e emissoras de TV, e trocar ideias com jornalistas de Norte a Sul. Associar modelos contemporâneos de comunicação e jornalismo com preceitos de Aristóteles, elementos de roteiro de cinema e dramaturgia, e técnicas de storytelling se tornou parte fundamental do meu trabalho em encontros profissionais e workshops para discutir novos formatos e conteúdo no mundo digital.*

Independentemente de como se queira comunicar — os meios são diversos, mudam e evoluem —, sempre priorizei a essência da comunicação, também a essência do meu ofício: como contar a melhor história possível a partir de algumas questões que considero fundamentais.

O que essa história significa para mim, para o outro, para a sociedade?

O que existe por trás dessa história, que não está claro ao primeiro olhar?

O que se esconde nas entrelinhas, no olhar do entrevistado, nas camadas da imagem?

Quais os pontos de vista dessa história? Por que escolhemos quase sempre o mais óbvio, e deixamos outros para trás?

As respostas à essas perguntas podem transformar uma história comum em uma história universal. Pois, toda história, mesmo aquelas que são as mais simples e comuns, tem particularidades desconhecidas e interessantes que podem ser descobertas.

Quanto mais você explorar essas premissas, suas histórias vão ganhar maior alcance e maior impacto.

Em nosso mundo conectado, muitas histórias são contadas em *vídeo* — o formato de narrativa que explodiu na *comunicação digital* e contribuiu para mudar o modo de pensar e de agir, o consumo, a relação entre as pessoas. A produção de *vídeo* expandiu de tal forma que conquistou lugar permanente na sociedade virtual onde se vive, se trabalha, se entretém e se relaciona.

Pois, para um conteúdo em *vídeo* ser verdadeiramente uma

narrativa digital na linguagem audiovisual se faz necessário fundamentar, conhecer e estudar o que existe de prática e avançar em criatividade e ousadia.

Apesar de o ser humano contar histórias desde a era mais primária da humanidade, o *storytelling* no ambiente da internet é recente e esse campo é vasto em oportunidades para desbravar.

É um conceito instintivo, mas se usado de forma intencional e sistematizada se torna muito potente.

Princípios da dramaturgia, do cinema e do storytelling são importantes aliados para quem deseja contar histórias reais no mundo digital. E, por isso, há uma série de possibilidades para você ampliar o repertório diante dessas perspectivas na segunda parte deste livro, **O Meio: Caminhos Possíveis**.

Muitas vezes, quando nos dedicamos a algo criativo, surge um momento de temor, incerteza, insegurança! É a *síndrome da página em branco*. Na verdade, bloqueio criativo é uma questão que preocupa tanto os gênios quanto pessoas comuns, como eu e você. A boa notícia é que existem técnicas para enfrentá-lo.

Pesquisadores consideram que a potência criativa é inerente às pessoas. Muito bem. A questão então é descobrir a confiança *criativa* para chegar ao momento **Eureka**!

Em primeiro lugar, ter conhecimento de regras e normas a favor da geração de ideias. Em segundo, adaptar esse conhecimento à liberdade e à imaginação numa jornada pessoal desafiadora.

Assim, fazem os grandes mestres. Não podemos fazer o mesmo?

As dicas para destravar bloqueios e se tornar mais confiante quanto à criatividade estão na primeira parte deste livro, **O Começo: Livre Pensar**.

Contar histórias é uma arte. Em qualquer mídia, em qualquer formato, em qualquer modelo.

O resultado de cada história é único. Da mesma forma, o percurso de quem conta uma história é também único. Cada um define que história quer contar, como e para quem.

Se a interação entre emissor e receptor se dá pela instantaneidade, se impõe ao criador da história estar permanentemente antenado na (melhoria da) qualidade da interatividade, a necessária conexão entre os dois polos.

Contar histórias nas redes de compartilhamento do mundo atual é um desafio.

Há o evidente progresso tecnológico, que muda tudo o tempo todo. Há as diferenças geracionais, cada vez mais evidentes e desafiadoras. Há o surgimento contínuo (e também o desaparecimento surpreendente) de novas e múltiplas tendências.

Por isso, beber na fonte de teorias, juntá-las às práticas e às inovações na elaboração de narrativas e repensar tudo criativamente, permite revirar as gavetas da nossa biblioteca mental e seguir o rumo com diferenciados insights. Nos dias de hoje, não podemos deixar as gavetas enferrujarem.

Assim, convido você a um mergulho nos escritos aqui registrados por quem é a favor de sacudidas para sair da zona de conforto!

Rever regras, virar a chave do olhar, se inspirar em processos, ampliar repertório, redescobrir o que há de valioso em si mesmo. Asseguro, é desse caldeirão que as melhores histórias despertam.

Para finalizar, quero registrar o alerta do Nobel de Literatura de 1982, um dos meus preferidos escritores. Entre pesquisadores, estudiosos, acadêmicos e teóricos literários circula uma lista com conselhos sobre a arte da escrita atribuída ao colombiano Gabriel García Márquez.

Os conselhos teriam sido compilados a partir de ideias discutidas em entrevistas e em oficinas de roteiro que ele coordenava. Nunca foram publicados formalmente, mas creio que refletem a visão dele.

> *Uma coisa é uma história longa e outra, uma história alongada.*
> *É mais fácil capturar um coelho do que um leitor.*

Gabriel García Márquez (1927–2014)

Estou na torcida para que o proveito deste livro se transforme em caminhos iluminados, bons resultados e belas oportunidades. Boa sorte!

Vera Iris Paternostro

Novembro, 2024

Sumário

O COMEÇO: LIVRE PENSAR 1

1. Lições de Mestres 2

2. Deu Branco... 24

3. Eureka! 38

4. Panorama Digital 52

5. O Vídeo Online 66

O MEIO: CAMINHOS POSSÍVEIS 77

6. O Que É Uma História? 78

7. Prólogo, Episódio e Êxodo 90

8. Os Três Atos 114

9. Estruturas 132

10. Storytelling 168

11. Roteiro 182

12. Recado 1 202

O FIM: OPEN ENDING 209

13. Nas Redes 210

14. No Jornalismo 230

15. Afinal, Tem Receita? 256

16. Recado 2 266

17. Referências 274

O COMEÇO: LIVRE PENSAR

1. Lições de Mestres

Nunca considere seu estudo como um dever, mas como uma oportunidade invejável de aprender a conhecer a influência libertadora da beleza no reino do espírito, para sua própria alegria pessoal e para o benefício da comunidade à qual seu trabalho posterior pertencerá.

Albert Einstein (1879–1955)

Esse é um trecho da declaração do físico Albert Einstein publicada no jornal universitário *The Dink* da Universidade de Princeton, em dezembro de 1933, logo depois de ele ter se mudado para lá, para dar aulas.

Einstein, o alemão da Teoria da Relatividade, reconhecido pela equação científica mais famosa do século XX — $E = mc^2$ —, que, em uma ideia simples, estabelece a equivalência quantitativa entre matéria e energia — ganhou o Nobel de Física em 1921.

Ele é considerado um dos maiores cientistas de todos os tempos. A Teoria da Relatividade revolucionou a compreensão do universo, espaço, tempo e gravidade. O curioso é que seus pais se preocupavam com ele durante sua infância porque era um menino distraído e lento para aprender. Um de seus professores chegou até a considerar que o garoto *nunca alcançaria nada muito grande*.

Quando nos interessamos por histórias da vida de pessoas como Einstein, o que encontramos em comum?

A curiosidade. A capacidade de usar criatividade em situações diversas.

A sabedoria de entender e respeitar perspectivas diferentes.

E, principalmente, a dedicação ao estudo. Colocam a mente num trabalho árduo e constante. *Sangue, suor e lágrimas*.

Se um gênio como Einstein diz que estudar é oportunidade valiosa, libertador, alegria, altruísmo... Quem somos nós para duvidar, não é mesmo? Penso que para aproveitarmos mais nossas próprias aptidões, o aprendizado tem que ser um prazer libertador.

Dois mestres da arte, entre outros, me ensinaram quando eu ainda jovem lições que levei para a vida. Registro aqui o que aprendi com eles.

Pablo!

Um dos maiores artistas do século XX, o espanhol Pablo Picasso criou seu monumental painel *Guernica* em apenas quatro semanas. O tempo para se dedicar à obra foi pequeno, mas mesmo assim a transformou em uma das mais notáveis da história.

Pablo Ruiz y Picasso nasceu em Málaga, no sul da Espanha, em 1881. Ainda menino, já mostrava talento e recebia incentivo do pai, professor de história da arte e desenho.

Aos 14 anos foi estudar na Escola de Belas Artes de Barcelona, e logo um quadro seu — *Primeira Comunhão* — foi escolhido para a Exposição Municipal.

Desistiu de Barcelona e se mudou para Madri, onde estudou na Academia Real San Fernando. Inquieto, abandonou tudo outra vez e retornou à Barcelona. Ali sobreviveu vendendo os quadros onde retratava a vida da cidade. Enfim, decidiu sair da Espanha.

Antes de completar 20 anos, já estava frequentando Paris, circulando nas rodas dos artistas de vanguarda que se instalavam na cidade. Mesmo passando dificuldades, começou a ficar conhecido com quadros influenciados pelo impressionismo.

Picasso passou a viver entre Barcelona, Madri e Paris até se instalar definitivamente no *Le Bateau Lavoir*, um edifício no bairro de Montmartre, na capital francesa, onde vários artistas, alguns já famosos, moravam e trabalhavam em seus ateliers. Nessa época, desenha e pinta sem parar, faz inúmeros quadros, participa de exposições e ganha prêmios.

Ao mesmo tempo, a amizade com Georg Braque, pintor e escultor francês, começa a influenciar seu processo criativo.

Les Demoiselles d'Avignon, de 1907, retrata cinco mulheres nuas em figuras compostas por formas geométricas irregulares, distorcidas e faces desfiguradas. Duas das mulheres usam máscaras africanas. O *Avignon* do título se refere a uma rua de Barcelona, famosa por seus bordéis. *As Damas de Avignon* é considerado o marco do cubismo, movimento que rompeu com os estilos estéticos de até então usando formas geométricas iniciado por Picasso e Braque.

Em 1936, a Espanha se dividia politicamente entre grupos conservadores e de esquerda. Havia um clima de tensão entre os dois lados, até que militares se insurgiram contra o governo republicano da época, o que deu início a uma Guerra Civil que durou três anos, até 1939, e, no final, levou ao poder o ditador general Francisco Franco, com apoio da Alemanha e da Itália.

Mesmo nessa situação de conflito interno, o governo espanhol decidiu participar da Exposição Internacional de Arte e Tecnologia em Paris, que seria inaugurada em 25 de maio de 1937. Para decorar a fachada principal do Pavilhão da Espanha, encomendou um mural de tema livre ao seu maior expoente artístico na época, Pablo Picasso. Encomendou também obras a outros artistas, entre eles o catalão Joan Miró.

Nessa época, Picasso estava em Paris, acompanhava os rumos dos confrontos em seu país e decidiu aceitar a encomenda.

O ataque a Guernica

Guernica era uma pequena vila na região basca, ao norte da Espanha, com pouco mais de 7 mil habitantes. Ela não tinha qualquer valor estratégico e permanecia praticamente intocada pela Guerra Civil Espanhola.

Em 26 de abril de 1937, aviões das Forças Aéreas da Alemanha e da Itália destruíram a cidade. Era uma segunda-feira, dia de mercado e os moradores da cidade e de cidades vizinhas estavam nas ruas fazendo suas compras. Por volta das 4h30 da tarde, começaram bombardeios aéreos isolados. As pessoas correram para abrigos antiaéreos, mas os pilotos, voando baixo, atiravam com rajadas de metralhadoras. Pouco mais tarde, o ataque foi com bombas incendiárias. Vinte e duas toneladas de explosivos foram lançadas. E a pequena cidade espanhola virou ruínas. Setenta por cento da área urbana da cidade foi destruída. Mil e seiscentas pessoas entre homens, mulheres e crianças morreram. Mais de oitocentas pessoas ficaram feridas. As bombas atingiram casas, escolas, estação de trem, hospitais. Guernica estava sendo alvo de testes de novas armas de alemães e italianos em preparação para a Segunda Guerra.

Os jornais noticiaram a tragédia com fotos e relatos dramáticos dos sobreviventes. Historiadores consideram o massacre de Guernica o primeiro bombardeio de guerra a uma população civil na Europa.

Em seu ateliê parisiense, Picasso leu a reportagem sobre o ataque a Guernica no jornal *L'Humanité* do dia 28 de abril de 1937, dois dias depois dos bombardeios.

Naquele jornal, viu, horrorizado, as fotos[1] da pequena cidade reduzida a cinzas. O impacto sobre sua alma de artista foi imenso. Ele encontrou a inspiração para o mural que seria exposto no pavilhão espanhol.

Picasso decidiu usar o painel para conscientizar o mundo sobre os efeitos de guerras na vida de pessoas comuns. Seria um símbolo de paz, contra a guerra.

Aos 56 anos, com vigor e intensidade, trabalhou incessantemente entre 1º de maio e 4 de junho de 1937.

Guernica foi pintada com uma tinta fosca especialmente encomendada pelo próprio artista para que a pintura tivesse o menor brilho possível e acabamento em estilo embaçado. De fato, o quadro tem uma coloração sombria, pesada.

Os historiadores acreditam que as fotos em preto e branco dos jornais influenciaram a escolha de poucas cores. O que predomina é o preto, o branco e o cinza. Há também tons azulados e amarelados, quando se observa atentamente.

O quadro tem uma variedade de figuras distorcidas — mulheres, homens, crianças e animais — que expressam no rosto e em gestos a dor, o desespero, o terror. O estilo do traçado mistura cubismo e surrealismo. Em quase 8 metros de comprimento e mais de 3 metros de largura, é um manifesto pessoal contra a violência, a brutalidade e o sofrimento da guerra.

Quando Picasso terminou a obra, a Exposição Internacional de Paris já havia sido inaugurada. O pavilhão da Espanha expôs pela primeira vez o mural em 12 de julho de 1937 em destaque no hall de entrada. Ali, ficou até o final da exposição, em novembro.

Picasso não permitiu que *Guernica* fosse para a Espanha enquanto a República não estivesse restaurada, mas autorizou que ela viajasse para ser vista em museus ao redor do mundo.

Houve um tour pela Europa, Estados Unidos e finalmente a obra foi emprestada ao MoMA — Museu de Arte Moderna de Nova York durante muitos anos. *Guernica* veio para o Brasil em 1953 e foi o grande destaque da Segunda Bienal de Arte de São Paulo.

Os rascunhos

Ao contrário do que parece ao primeiro olhar, *Guernica* não é um quadro desorganizado ou caótico. Até porque, cada pedacinho do imenso painel foi milimetricamente pensado por Picasso em dezenas de estudos preliminares.

Muitos artistas costumam fazer desenhos prévios a realização da obra final.

Nesse caso, os rascunhos vão além porque em cada um deles já se sente a força brutal da tragédia. Quando em conjunto, na organização da inspiração do autor, se transformam no poderoso manifesto.

No reduzido tempo de trabalho, Picasso fez 45 desenhos em grafite, alguns em guache colorido, em papel Canvas, uma espécie de tecido fino que serve como tela de pintura.

Ao experimentar e testar personagens, símbolos, figuras, usa o talento criativo para alcançar a intensidade que deseja na interpretação da tragédia. Os desenhos mostram nitidamente como Picasso capta a dor e o desespero dos habitantes da cidade destruída. Representam uma aula de vigor artístico e sabedoria em esboços simples.

Os desenhos também foram usados para ajustar a composição final — proporções e ocupação de espaço na imensa tela do painel. Foram usados como prévia do que se veria em conjunto quando terminada a obra.

A magia dos rascunhos reside em acompanhar passo a passo o processo criativo de um artista como Pablo Picasso. Observar como se dá a conversão do sentimento numa pintura que terá o poder de impactar qualquer um que se coloca diante dela até os dias de hoje, mais de 85 anos depois.

A estratégia de criação de Picasso foi trabalho pesado, com ensaio, erros e acertos até conquistar o que o satisfaz plenamente. *Sangue, suor e lágrimas.*

Picasso guardou e catalogou os estudos. São documentos, refletem sua forma de pensar a criação. *Guernica* ultrapassou a barreira de ser manifesto pessoal e se tornou símbolo de protesto não só contra a Guerra Civil espanhola como seria no seu primeiro momento. É símbolo universal do que uma guerra imprime nas pessoas, de qualquer canto do mundo.

Há muitos anos, em 1979, fiz uma viagem turística à Nova York. Visitei o Museu de Arte Moderna, o MoMa.

Lembro de caminhar pelos corredores observando, encantada, obras originais que conhecia em livros. E, eu sabia que em uma das salas me encontraria com o painel Guernica, *que para mim sempre foi A obra de Picasso. Mas, com surpresa, descobri algo que não imaginava existir. Os rascunhos de* Guernica.

Eram muitos desenhos em telas de tamanhos diferentes, pequenas, com esboços e riscados a lápis, dispostos nas paredes da antessala de onde estava a obra principal. Eram os estudos preparatórios de Guernica*! Representavam o modo de fazer de Picasso. Nossa! Antes de conhecer o painel, fui apresentada ao processo do criador. Achei aquilo incrível.*

Em frente a cada um daqueles desenhos, me transportava para o momento em que Picasso se via diante do seu desafio. Mais emoção impossível. Naqueles desenhos, alguns com riscados quase primários, outros mais elaborados, era evidente perceber como sua inspiração evoluiu até a concretização da obra. Nunca mais os esqueci. Aprendi o significado de um processo artístico. Aprendi que um gênio também se vê diante do impasse entre inspiração e execução, e que precisa de rascunhos, de erros e acertos, de fazer e refazer até alcançar sua masterpiece. Picasso, naquele dia, me ensinou um aprendizado que levei para a vida.

Pablo Picasso faleceu em Notre-Dame de Vie, uma vila perto de Cannes, na França, em 08 de abril de 1973. Ele tinha 91 anos. Não viu *Guernica* retornar à Espanha. Isso aconteceu em 1981, seis anos depois da morte de Francisco Franco.

Atualmente, *Guernica* está na sala 205.10 do Museu Nacional Centro de Arte Reina Sofia, em Madri. Em janeiro de 2025, estive em Madri e fui ao Museu Reina Sofia. Sim, depois de 46 anos me reencontrei com *Guernica* e com os rascunhos!

Guernica está numa sala pequena e estreita, que se destaca por estar localizada entre as coleções do museu sobre surrealismo e cubismo. Ou seja, entre os estilos que representam Picasso. Há muitas obras importantes e belas nesse museu, *Guernica* é a maior e mais importante. É como se fosse a *Mona Lisa* da Espanha. Tem sempre muita gente na frente do painel observando a pintura e ao mesmo tempo tentando fazer o melhor registro possível com seus smartphones. Também fiz.

Para minha surpresa, os rascunhos originais não estão expostos. O que se vê, na mesma sala, são fotos emolduradas dos rascunhos. As fotos foram feitas por Dora Maar, fotógrafa, artista, musa e amante de Picasso na época da pintura do quadro.

O relacionamento deles durou oito anos. Dora acompanhou e registrou o processo de criação de *Guernica* em Paris, em maio de 1937.

Figura 1: rascunhos de *Guernica* em fotos de Dora Maar, no Museu Nacional Centro de Arte Reina Sofia, Madri.

Fonte: arquivo pessoal da autora (2025).

Figura 2: rascunho de *Guernica* em fotos de Dora Maar, no Museu Nacional Centro de Arte Reina Sofia, Madri.

Fonte: arquivo pessoal da autora (2025).

Para mim, a história dos rascunhos de *Guernica* comprova uma frase que é constantemente atribuída a Picasso. Ele pode não ter dito estas mesmas palavras, mas é evidente que a sua dedicação era absoluta.

> *Que a inspiração chegue não depende de mim. A única coisa que posso fazer é garantir que ela me encontre trabalhando.*

Se você quiser conhecer os desenhos preliminares de Guernica, você os encontra reproduzidos no site da Escola Guignard, unidade acadêmica da Universidade do Estado de Minas Gerais, em Belo Horizonte. É um trabalho realizado pela professora Elaine Sartori no curso de licenciatura em artes plásticas, em novembro de 2015 sob o título de *Guernica de Picasso — O desenho como processo.*[2]

Leonardo!

> *Conforme você andar pela cidade, observe constantemente, faça anotações e analise circunstâncias e o comportamento dos homens enquanto eles falam e discutem, ou riem, ou partem para as vias de fato.*
>
> Leonardo da Vinci

Essa frase está escrita em um dos cadernos de Leonardo da Vinci e reflete seu espírito de vida. Observador e atento. O criador de duas das pinturas mais famosas da história, reconhecido como uma das grandes personalidades do Renascimento, era um gênio obstinado. Sua curiosidade absoluta o fez se destacar nas artes e em muitíssimos outros campos como engenharia, arquitetura, anatomia, urbanismo, mecânica, cartografia, balística, hidráulica, matemática e física. É chamado, inclusive, de precursor da aviação!

Nascido em 1452, no vilarejo de Anchiano, na cidade de Vinci, Leonardo não tinha um sobrenome da forma que conhecemos. Era filho ilegítimo de Piero Fruosino, e foi chamado de **Lionardo di ser Piero da Vinci**, que quer dizer, Leonardo filho de Piero de (da Vila) Vinci. Ao adotar seu nome artístico, ele colocou a pequena comuna toscana no mapa do mundo para todo o sempre.

Com 16 anos, já vivia em Florença demonstrando talento para pintura no ateliê de Andrea del Verrocchio. Em pouco mais de três anos, teria seu próprio ateliê. Como não vivia somente de pintura, viajou por várias cidades italianas contratado para realizar projetos de arquitetura e engenharia.

Aos 42, começou a criar a pintura que viria a ser a obra religiosa mais famosa do mundo. *A Última Ceia* — a representação bíblica da ceia de Jesus com os apóstolos, pintada na parede do refeitório de um convento dominicano ao lado da Igreja Santa Maria delle Grazie em Milão, onde está até hoje.

Foram três anos desenhando e redesenhando, pois Leonardo nunca tinha trabalhado num painel tão grande — 4,6 metros de altura por 8,8 metros de comprimento —, e não tinha experiência em afresco, a técnica de pintura diretamente sobre o revestimento ainda úmido de uma parede. Ele se dedicou a cada detalhe. Perfeccionista, até inventou uma técnica própria de têmpera e óleo que não era usada normalmente na época.

Aos 51 anos, recebeu a encomenda de um rico comerciante florentino para fazer o retrato da mulher dele, a senhora *Lisa del Giocondo*. Nessa obra, Leonardo usou a técnica conhecida como *sfumato*. Alguns historiadores dizem que essa técnica já existia, outros que Leonardo a criou. O fato é que ele não só a usou como a aperfeiçoou de tal forma que a obra mais famosa pintada em *sfumato* é simplesmente a pintura mais célebre de todos os tempos. *Mona Lisa*, o retrato da mulher de sorriso indecifrável.

Sfumato

O nome vem do italiano *sfumare*, que significa evaporar como fumaça. É uma técnica de pintura para criar um efeito de graduação suave entre as cores, principalmente no contraste entre luz e sombra.

Leonardo percebeu que com verniz de madeira e tinta óleo poderia conseguir uma graduação perfeita da coloração para disfarçar pinceladas. Dessa forma, ele criou um efeito mais próximo da realidade em suas pinturas, que em suas palavras, justificava assim: *sem limites ou bordas, à maneira da fumaça.*

Quando saiu da Itália e foi para a França, levou suas anotações, esboços, manuscritos e a *Mona Lisa*, que considerava inacabada. Hoje, ela é a principal atração do Museu do Louvre, em Paris. A cada dia, mais de 20 mil pessoas admiram a *Mona Lisa* e fazem selfies diante dela com seus celulares.

Na França, Leonardo trabalhou para o rei Francisco I e morou no Castelo de Clos Lucé. E ali, foram seus últimos anos de vida. Ele morreu aos 67 anos, em 1519. Pioneiro e revolucionário, brilhante e versátil, Leonardo da Vinci permanece inspirando artistas, poetas, músicos, escritores e cineastas.

Os cadernos

A obra de Leonardo emociona. Os seus cadernos são incríveis. São mais de 7 mil páginas que registram todos os interesses da sua vida intelectual e cotidiana.

Há estudos para pinturas, projetos para edifícios e máquinas futuristas, observações do mundo e da natureza, listas de mantimentos, de coisas a fazer e de nomes de seus devedores. Com habilidades de engenheiro, há desenhos de invenções tecnológicas, protótipos de máquinas voadoras, submarinos, paraquedas, carros e tanques de guerra.

Leonardo descrevia seu mundo peculiar em páginas repletas de palavras e desenhos numa ordem totalmente pessoal, que provam o quanto era curioso, observador, atento e criativo. Ele tinha o dom da escrita especular — escrevia nas folhas da esquerda para a direita com as letras invertidas, talvez preocupado em manter suas ideias em segredo.[3]

Para seus estudos de anatomia, tinha o hábito de dissecar cadáveres e fazer desenhos precisos de músculos e órgãos. Ele aproveitava esses estudos nos desenhos e pinturas de rostos e retratos de pessoas. A sua gravura *O Homem Vitruviano* — que está em um de seus diários mais antigos — representa um homem nu em duas posições sobrepostas e retrata as proporções perfeitas do corpo humano. O desenho está atualmente exposto na Gallerie dell'Accademia, em Veneza.

Os cadernos de Leonardo mostram sua maneira única de ver o mundo do seu tempo e, muito mais incrível, o mundo do tempo futuro. Os manuscritos conservados são uma pequena parte dos cadernos, e tiveram, ao longo dos séculos, uma história atribulada, pois foram divididos, leiloados, vendidos até roubados. Eles representam, para mim, uma lição indiscutível do quanto é necessário se observar ao redor — buscar fora de nós o que existe podem gerar insights fundamentais no dia a dia.

Há muitos anos, em 1986, conheci o Castelo Clos Lucé, no vale do Loire. Não tem a exuberância de outros castelos, mas tem a história. Tem o mundo de Leonardo.
O palácio e suas salas foram reconstituídos do tempo em que o artista ali viveu. No ateliê e no gabinete de leitura estão as memórias do artista em trabalho. A parte mais interessante, na época em que lá estive, era o subsolo do castelo. Espalhadas em grandes salas estavam quarenta maquetes que reproduziam as invenções de Leonardo, todas construídas a partir dos desenhos originais encontrados em seus cadernos.
Lembro que ao ver aquelas maquetes, me surpreendi. Como, em tantos séculos atrás, um homem imaginava, desenhava objetos voadores e outras máquinas estranhas que só seriam projetadas

muito, muito tempo depois? De onde vinha aquela força criativa? Para mim, o que fez Leonardo se diferenciar foi não somente sua inteligência para conhecimentos variados, como também seu talento para aplicar a criatividade ao pensamento cotidiano. Isso o levou a horizontes ilimitados.

Atualmente, as maquetes das engenhocas de Leonardo viajam o mundo em exposições grandiosas. Em julho de 2023, vi a exposição Os Mundos de Leonardo da Vinci, *em São Paulo. Uma experiência interativa e tecnológica que apresenta as invenções, o trabalho e a personalidade do gênio renascentista. Um belo mergulho na vida desse mestre tão inspirador* [4].

Bônus Leonardo

Walter Isaacson, jornalista norte-americano, escreveu biografias exemplares como as de Steve Jobs, Albert Einstein, Benjamin Franklin e Elon Musk. Em 2017, publicou a biografia de Leonardo da Vinci.

É um livro com mais de seiscentas páginas em que revela histórias da vida do artista. O processo de pesquisa do autor não foram as obras-primas e história de vida de Da Vinci, mas a leitura dos cadernos dele. Isaacson diz que lendo os cadernos pôde ver a *mente criativa de Leonardo saltar das páginas, mostrando em detalhes como ele pensava*.

Isaacson considera que seu livro sobre Da Vinci é o clímax do seu trabalho sobre como grandes inovadores são aqueles que conectam arte com ciência, humanidade com tecnologia.

Nas últimas páginas da biografia, em um capítulo intitulado "Aprendendo com Leonardo", o autor mostra que, ao estudar profundamente a vida do artista, conseguiu extrair lições valiosas para todos nós.

Então, em resumo, o que podemos aprender com Leonardo da Vinci é:

- seja curioso, incansavelmente curioso;
- busque o conhecimento pelo prazer da busca;
- observe;
- comece pelos detalhes;
- veja o que está invisível;
- mergulhe no desconhecido;
- distraia-se, procrastine;
- faça com que o perfeito seja inimigo do bom;
- pense visualmente;
- respeite os fatos;

- evite fechar horizontes;
- trabalhe em conjunto;
- faça anotações;
- esteja aberto aos mistérios.

Olhando as milhares de páginas dos cadernos que escreveu, podemos vê-lo se esforçando para ser mais curioso e observador.
Ele fazia uma lista semanal de todas as coisas que desejava aprender ou descobrir, desde por que o céu é azul até a aparência da língua de um pica-pau. Essas são coisas que todos nós podemos aprender a fazer.
Ele retirou a pele dos rostos dos cadáveres, traçou cada músculo e nervo que movia os lábios e isso formou a criação do sorriso mais memorável do mundo, o da Mona Lisa.
Ele é o exemplo máximo da história de combinação de arte e ciência. Foi isso que fez dele o maior gênio da história.

Walter Isaacson - Escritor

---

1. As fotos jornalísticas do ataque a Guernica que mobilizaram Picasso estão em: Bombardeamento de Guernica. **GettyImages.** Disponível em: https://www.gettyimages.com.br/fotos/bombardeamento-de-guernica .

2. Passos, Dito. Picasso Guernica Processo Criativo — Artes Plásticas Escola Guignard. **SlideShare**, 2018. Disponível em: https://pt.slideshare.net/slideshow/picasso-guernica-processo-criativo-artes-plstic as-escola-guignard/101150748 .

3. A escrita espelhada de Leonardo pode ser vista no *Codex Forster III*, no arquivo digital público em: Explore Leonardo da Vinci's notebooks: Codex Forster III. **Victoria and Albert Museum.** Disponível em: https://www.vam.ac.uk/articles/explore-leonardo-da-vincis-notebooks-codex-forst er-iii#?c=&m=&s=&cv=&xywh=-2708%2C-377%2C11178%2C7517 .

4. Você gostaria de explorar os cadernos de Leonardo? O site do museu Victoria & Albert disponibiliza os cadernos digitalizados do *Codex Forster* que pertenceram a John Forster, escritor britânico. De forma interativa, você pode apreciar em várias páginas, os desenhos e a imaginação fértil de da Vinci: Forster Codex. **V&A Images.** Disponível em: https://www.vandaimages.com/results.asp?txtkeys1=forster+codex. E Explore Leonardo da Vinci's notebooks: Codex Forster I. **V&A Images.** Disponível em: https://www.vam.ac.uk/articles/explore-leonardo-da-vinci-codex-forster-i#?xywh=-1%2C-15%2C3004%2C2020&cv=29

2. Deu Branco...

Durante muito tempo me aterrorizou a página em branco.
A via e vomitava.
Mas um dia li o melhor que se escreveu sobre essa síndrome. Seu autor foi Hemingway.
Disse que se há de começar, e escrever, e escrever, até que de repente se sente que as coisas saem sozinhas como se alguém as ditasse ao ouvido, ou como se quem as escreve fosse outro. Tem razão: é um momento sublime.

Gabriel García Márquez (1927–2014) - Como Contar um Conto (1995)

García Márquez não apenas contava histórias; criava mundos mágicos com a mistura de humor, tragédia, amor, solidão em obras-primas literárias tendo como pano de fundo a transformação política e social da América Latina e suas memórias.

Cada livro seu possui um viés narrativo atraente para a leitura provocante, uma maestria para absorver com reverência. Diante de *Cem Anos de Solidão*, sua obra singular, somos espectadores de um realismo imaginário, mágico e impactante.

Em 1982, na cerimônia em que recebeu o Nobel de Literatura das mãos dos reis da Suécia, ao lado de seis cientistas premiados, fez um discurso ao seu estilo, de efeito e repercussão. O título era "A solidão da América Latina". Em um texto contundente descreveu um continente mal tratado pelo colonialismo europeu, arruinado por ditaduras e conflitos. Ele terminou desejando *às raças condenadas a cem anos de solidão, uma segunda oportunidade sobre a terra*.

Mesmo com tanta força e vigor, García Márquez confessava que entrava em pânico ao começar a escrever. Como ele, muita gente já se viu travada na frente da tela do computador, do celular ou da folha de caderno, sem dar conta de ir adiante, prosseguir o trabalho criativo que quer fazer.

Você sabe o que quer. Mas, do nada, esse saber se desfaz, assim como fumaça. Por um tempo, que parece infinito, você não consegue reagir. Não consegue recuperar uma vírgula sequer daquilo que estava em sua mente. *Deu branco!*

O *branco* é uma paralisação, uma falha de acesso a uma informação (ou a uma ideia) no exato momento em que você precisa dela. Temor de escritores, artistas, professores, executivos, estudantes, vestibulandos... É muito mais comum do que parece, acontece com todo mundo.

A situação é conhecida como *the writer's block*, o bloqueio do escritor. Uma condição que existe desde sempre, mas foi formalizada pelo psiquiatra norte-americano de origem austríaca, Edmund Bergler (1899–1962). Ele estudou as razões que levavam alguns escritores a terem dificuldades para produzir e, principalmente, dar continuidade ao que já haviam começado a produzir. Como se tudo congelasse, sem ter uma luz que ajudasse a recuperar a direção. Bergler constatou cientificamente que a maior parte das causas de bloqueios contém elementos afetivos, motivacionais e cognitivos. Em 1947, ele denominou essa paralização de *bloqueio do escritor*.

No final dos anos 1970, os psicólogos da Universidade de Yale, Jerome L. Singer e Michael V. Barrios, se dedicaram a pesquisar a questão e aprofundar os estudos sobre as causas do bloqueio do escritor. O trabalho deles é considerado um dos tratados mais importantes sobre o tema.

Os professores Jerome e Michael submeteram um grupo de escritores profissionais, inclusive roteiristas de ficção, alguns com bloqueio, outros não, a exercícios de formação de imagens mentais. Os escritores eram induzidos a imaginar representações visuais a partir de estímulos diferentes.

Depois, tinham que descrever essas imagens em texto livre, sem se preocuparem se tanto as imagens quantos os escritos eram lógicos, coerentes, ou se faziam sentido. Após duas semanas dessa prática ativa e constante, a autoconfiança no poder de criação de cada um deles aumentou. Conclusão: como já sabiam, o bloqueio estava associado a problemas emocionais — depressão, infelicidade, autocrítica, estresse, desinteresse. Mas não só a isso.

Os pesquisadores comprovaram que estímulos específicos ao processo criativo poderiam ser um alívio para as questões emocionais e, ao mesmo tempo, poderiam provocar o fluxo de ideias. Ou seja, ao se envolverem em uma atividade criativa diferente daquela que era rotineira, e que os restringia, os escritores desbloquearam. As pesquisas mostraram também que os desafios enfrentados pelos escritores se manifestavam em diferentes formatos de emoções. Eles identificaram:

- Apatia: limitação das regras da escrita deixa o escritor sem interesse.
- Raiva: frustração por não ver a obra valorizada.
- Ansiedade: temor de que a obra não será boa o suficiente.

- Comparação: sofrimento porque a obra será comparada com outras.

O termo *bloqueio do escritor* surgiu em relação aos escritores, mas hoje se refere a todos que têm algum tipo de trabalho criativo. Por isso, é também conhecido como inibição criativa ou bloqueio criativo.

O bloqueio acontece com todo mundo, e não é nada de outro mundo.

- Se você precisa produzir um conteúdo, está desanimado e começa a adiar a dar a largada, não é uma questão de falta de tempo, e sim de ter que fazer o que você não tem interesse!
  Diante do desinteresse, não há concentração. *Dá branco.* Então, ou você toma a decisão de retomar o foco ou deixa de lado.

- Se você tem um excesso de informação sobre o mesmo assunto voando na sua mente, e não consegue escolher nem uma, nem duas nem três viajando pela sua cabeça, há bloqueio.
  São tantas opções, as possibilidades se tornam tão múltiplas, que você perde o foco. *Dá branco.* Então, você tem que avaliar a relevância das opções, excluindo, priorizando e limitando.

- Se você sabe o que quer, mas não tem um planejamento para executar o trabalho, não vai dar certo. Trava. Tem que descobrir: quais são os passos que precisam ser dados? Quais são as etapas que você vai percorrer para realizar o seu objetivo?

Planejar é organizar. Sem ter uma base estruturada, as ideias não fluem.

- Se você acredita que sua primeira e única ideia é perfeita, está pronta e será um sucesso... Esqueça. Muito raramente a primeira ideia é realizável.
As grandes, boas e permanentes ideias são fruto de aperfeiçoamento e trabalho suado. Quantas vezes necessário for, refazer é importante. Refazer não é exceção, é regra. Não é limitação, é refinamento.

As causas do bloqueio variam de pessoa para pessoa e por isso nem sempre a técnica que uma pessoa usa para retomar a inspiração vai funcionar para outra. A barreira criativa ocorre muitas vezes em quem se coloca numa posição de esforço obsessivo para criar algo diferente, o inusitado. No mundo digital, com o agravante da imposição de ter que produzir conteúdo novo constante e de forma ágil para que seja não somente visto, mas também compartilhado, a ocorrência do *branco* se tornou uma síndrome usual.

The first draft of anything is shit. – Ernest Hemingway (1899–1961)

A escrita de Hemingway é simples e direta, mas para alcançar sua forma única frequentemente ele reescrevia inúmeras vezes. Para ele, reescrever não era um ato desinteressante. Ao contrário, sentia prazer e tinha plena consciência de que o ato da criação envolvia trabalho manual pesado.

O norte-americano Ernest Hemingway ganhou o Nobel de Literatura em 1954. Foi correspondente de guerra durante a Guerra Civil espanhola, experiência que inspirou uma de suas maiores obras, *Por Quem os Sinos Dobram*. *Adeus às Armas* e *O Velho e o Mar* também estão entre seus livros mais notáveis.

Teve uma vida atribulada, com quatro casamentos e vários relacionamentos amorosos, passou anos se dividindo entres suas casas de Key West, na Flórida, e Finca Vigia, em Cuba. Sua literatura é reflexo das suas experiências de vida. Experiências em situações tão interessantes que se tornaram obras literárias relevantes no estilo conciso do jornalismo da sua época, a primeira metade do século XX.

Aos 22 anos, o recém-formado jornalista Arnold Samuelson, era um aspirante a escritor. Um dia, na primavera de 1934, leu o conto "One Trip Across" publicado na Revista *Cosmopolitan*, gostou tanto que decidiu conhecer o autor. Era Hemingway. Chegou à casa de Hemingway, na Flórida, e conversa vai, conversa vem, conseguiu nada mais nada menos que o escritor o contratasse para tomar conta e morar no seu barco que estava sendo trazido de Nova York!

Assim, Samuelson passou a ser uma espécie de assistente de Hemingway. Entre 1934 e 1935, conviveu de perto com a família e os amigos que frequentavam a casa. Longas pescarias, longas conversas, uma experiência privilegiada ainda mais porque passou a receber conselhos sobre a arte da escrita e da vida diretamente da fonte. As lembranças de Samuelson dessa fase estão no livro *Com Hemingway: um ano em Key West e Cuba*, publicado em 1984. Entre muitas declarações que ouviu de Hemingway, Samuelson destaca:

> *Não desanime porque há muito trabalho mecânico para escrever. Existe, e você não pode sair disso. Reescrevi a primeira parte de* Adeus às Armas *pelo menos cinquenta vezes.*
> *O primeiro rascunho de qualquer coisa é uma merda. Depois que você aprende a trabalhar, seu objetivo é transmitir tudo ao leitor, para que ele se lembre*

não como uma história que leu, mas como algo que aconteceu com ele mesmo.

Ernest Hemingway (1899–1961)

Essa declaração se tornou tão famosa quanto verdadeira. Então, não duvide, o primeiro rascunho de uma obra é sempre muito *ruim*! Em um de seus livros mais populares, *Paris é uma Festa*, Hemingway deixou outra boa dica para quem quer se livrar do bloqueio criativo.

> *Enquanto olhava os telhados de Paris, ia pensando: Não te apoquentes. Sempre conseguiste escrever e agora há de acontecer o mesmo. Tudo o que tens a fazer é escrever uma frase verdadeira. Escreve a frase mais verdadeira que souberes.*
> *Então, escrevia uma frase verdadeira e, a partir dela, lá arrancava.*
> *Se eu começasse a burilar frases, ou a escrever como alguém que estivesse a apresentar um tema ou a fazer uma introdução a qualquer assunto, já sabia que teria de eliminar todos esses floreados, de rejeitar tudo para recomeçar com a primeira afirmação simples e direta que escrevera.*

Ernest Hemingway - Paris é uma Festa (1964)

A frase verdadeira? Onde se encontra, Hemingway, a frase verdadeira?

Ele diz com certa facilidade, e parece que num passe de mágica a frase perfeita vai se materializar à nossa frente. Imagina! Entretanto, para continuar no jogo, e pensando intuitivamente sobre essa declaração, podemos deduzir que excesso de palavras ou termos complexos distraem o leitor. Então, presumo que a frase verdadeira, ou a mais verdadeira, será a mais simples, direta, clara, autentica e espontânea possível.

Assim como Hemingway, e já que bloqueios se manifestam de forma diferente em cada pessoa, cada um pode encontrar sua própria maneira de lidar com eles. Somos seres únicos e por isso cada um tem bloqueios por razões diferentes. Entre os fatores mais comuns:

- medo de julgamento;
- excesso de autocrítica;
- preguiça;
- cansaço;
- falta de organização;

- falta de curiosidade;
- falta de estímulo.

Quando der o branco, não desanime:

- respire fundo, para reduzir a ansiedade;
- relaxe os músculos, para aliviar a tensão;
- faça uma pausa, para permitir recuperar;
- mude de atividade, para reiniciar;
- revise informações, para ativar a memória;
- seja positivo, o *branco* é temporário.

E finalmente, mas não menos importante: quanto mais repertório, menos *brancos*.

Vulnerabilidade

A palavra vulnerabilidade está relacionada à insegurança ou fragilidade. No livro *A Coragem de Ser Imperfeito*, de 2012, Brené Brown propõe ser possível aceitar a própria vulnerabilidade, vencer a vergonha e ter coragem de ser a pessoa que você é.

Quando ousamos largar a armadura que nos protege, nos abrimos para as experiências que trazem propósito e significado.

Brené Brown – A Coragem de Ser Imperfeito (2012)

Penso que essa premissa nos estimula a mergulhar no ato de criação sem julgamento dos outros e livre de amarras que inibem a inspiração.

Brené Brown, professora e pesquisadora na Universidade de Houston, estuda há mais de vinte anos a coragem, a vulnerabilidade, a vergonha e a empatia. Em junho de 2010, apresentou sua tese *O poder da vulnerabilidade*[1] no TED Talk em Houston no Texas. Até hoje, é uma das palestras mais assistidas em todo o mundo.

O TEDTalk — Technology, Entertainment and Design — é um ciclo de palestras criado em 1984, na Califórnia. Originalmente o foco era tecnologia e design, mas com o aumento da popularidade, os temas passaram a ser mais amplos, com a presença de personalidades de quase todos os campos da arte, da ciência e da cultura.

A vergonha, segundo Brené, é universal, todos sentimos. Nas suas pesquisas, ela descobriu que as pessoas têm vergonha de se mostrar como realmente são porque percebem que isso pode distanciar os outros. E, por isso, se defendem a todo custo do erro e do fracasso. Por outro lado, as pessoas que se permitem à vulnerabilidade, têm coragem de se expor como são, conseguem se realizar e criam a conexão empática.

> *É preciso passar pela vulnerabilidade para vencer a vergonha, e com coragem se conectar com os outros sendo exatamente quem é.*[2]
>
> Brené Brown – O Poder da Coragem (2019)

Para vencer a vulnerabilidade, cinco conselhos de Brené Brown:

- seja autêntico, seja você mesmo, se liberte do julgamento dos outros,
- tenha benevolência com você, se liberte do perfeccionismo,
- seja resiliente; você conseguirá ir em adiante,
- busque a ousadia; se liberte da paralisação,
- cultive o lazer; se livre da ideia de que exaustão é prova de produtividade.

---

1. Brown, Brené. The power of vulnerability. TED, 2010. Disponível em: https://www.ted.com/talks/brene_brown_the_power_of_vulnerability?subtitle=en&lng=pt-br&geo=pt-br . Acesso em: 27 maio 2025.
2. A Netflix tem em seu catálogo a palestra de Brené Brown, The call to courage, de 2019.

3. Eureka!

Eureka. Palavra de origem grega; pretérito perfeito do indicativo do verbo *heuriskéin*, que significa descobrir.

Eureka! Interjeição que ficou famosa por causa de uma lenda:

O Princípio de Arquimedes

Era uma vez um rei, Hierão. E um sábio, o matemático e físico Arquimedes. Eles viviam em Siracusa, nos tempos da Grécia Antiga.

O rei encomendou a um ourives uma coroa de ouro. Depois de pronta, surgiram boatos de que o artesão havia misturado um material menos nobre ao ouro, apesar de a coroa ser dourada.

O rei quis ter certeza de que a coroa era de ouro puro. Consultou o sábio.

Um dia, enquanto tomava banho, Arquimedes pensava em como poderia resolver o problema. De repente, abandonou o banho e saiu correndo, nu, pelas ruas da cidade, gritando ***eureka, eureka!***

Tinha descoberto a solução!

Ele percebeu que, quando entrava na banheira, o volume de água que escorria para fora era igual ao volume de seu próprio corpo.

Com essa ideia na cabeça, decidiu verificar a fraude da coroa do Rei.

Segundo a lenda, Arquimedes mergulhou a coroa em um balde cheio de água, e depois, de cada vez, dois objetos maciços feitos de ouro puro e prata com pesos exatamente iguais ao da coroa. Notou que a coroa derramava menos líquido que o ouro, mas mais líquido que a prata, o que sugeria que ela não era feita só com ouro puro.

Sua descoberta ficou conhecida como O Princípio de Arquimedes: *todo corpo mergulhado em um líquido em repouso, recebe, por parte do líquido, uma força vertical para cima com a mesma intensidade do peso do líquido deslocado pelo corpo.*

É a teoria conhecida hoje como força de empuxo.

Ser criativo é resolver um problema? Assim como fez

Arquimedes?

Se a geladeira está praticamente vazia na hora do jantar, você tem um problema.

E, precisa ser criativo, para usar o que tem e fazer uma refeição gostosa!

Exageros à parte, vamos partir do seguinte princípio:

O potencial criativo é vital para descobrir soluções às questões que se apresentam. Não importa se são questões simples ou complexas.

Então, a criatividade não está necessariamente ligada a algo artístico, tipo escultura, pintura, música, literatura, como muita gente pensa. Ao contrário, criatividade é parte do nosso cotidiano. E, talvez você ainda não saiba: todos nós — você e eu — temos potencial criativo à espera de ser explorado!

> *Criatividade* vem do verbo latino ***creare***.
> Indica a capacidade de inventar, produzir coisas novas. É a qualidade de quem tem habilidade para pensar em soluções inovadoras para problemas de sempre ou para novos problemas. Qualidade de quem *think outside the box*, pensa fora da caixa.

Já conhecemos a *síndrome do branco* — quando nenhuma ideia

vem à cabeça para criar o que seja, um texto, um vídeo, um podcast, uma apresentação, uma fala numa reunião. Já sabemos que o *branco* é normal para pessoas comuns e para gênios da humanidade. Todo mundo pode travar. Então, a ideia agora é encontrar alternativas para estimular a geração de ideias, conteúdos e formatos. Ou seja, praticar a criatividade.

Pesquisadores e estudiosos afirmam: a criatividade se manifesta em torno de uma necessidade real. Lembra de Picasso? Ele queria pintar um quadro sobre a tragédia de *Guernica.* O que ele fez? Colocou sua força criativa para rascunhar até chegar ao que considerou a realização definitiva. Ele estabeleceu uma estratégia para sua potência criativa fluir diante da necessidade.

Assim, podemos concluir: pessoas que não se prendem a soluções padronizadas, ou ao contrário, se esforçam para descobrir abordagens originais nos seus desafios, vão dispensar ideias tradicionais e descobrir a ideias mais significativas. A força do trabalho estimula o potencial criativo. *Sangue, suor e lágrimas.*

Apesar de a criatividade ser vista como habilidade ligada às artes, já entendemos que não é. Aprender coisas novas, fazer perguntas, ser curioso, explorar perspectivas incentiva a capacidade de pensar de maneira diferente, inclusive no dia a dia de trabalho, em qualquer mercado produtivo, aumentando as competências de comunicação e de construção de ideias. Despertando soluções criativas!

E o que é exatamente uma solução criativa?

O norte-americano Allen Newell (1927–1992), professor, psicólogo e pesquisador em ciência da computação, é reconhecido por seus estudos pioneiros em inteligência artificial. Nas pesquisas, priorizava entender como processos cognitivos funcionavam para usar percepções e permitir às pessoas resolverem problemas com soluções inovadoras.

Segundo a definição de Newell, uma solução criativa — além de original, única e autêntica — deve ter um valor altamente específico.

Deve ter o propósito e a motivação de ser benéfica para a sociedade. Ou seja, solução criativa é aquela que por ser útil às pessoas, se destaca entre outras.

A criatividade, afirmam pesquisadores, é também uma força capaz de conectar e reorganizar conhecimentos que você já possui em uma combinação inédita e não convencional. O que significa que você — usando sua própria biblioteca mental — tem capacidade de estruturar um pensamento inovador.

Quando você adquire novos saberes é capaz de formar conexões ainda mais ricas ao combinar esses saberes com o conhecimento armazenado. E, acredite, pode se tornar até mais interessante do que a própria geração de ideias.

O compartilhamento de ideias entre pessoas que têm perspectivas distintas e disposição de experimentar é mais um grande aliado para romper limites do padrão consolidado. Há técnicas para mergulhar no problema e expandir as ideias até acontecer a virada da chave.

O brainstorming, termo criado pelo publicitário norte-americano Alex Osborn em 1938, originalmente conhecido como *Think Up*, é uma das ferramentas. Sempre foi comum em ambientes publicitários e, atualmente, está presente em mesas dos mais variados ambientes de trabalho para discussão de temas nem sempre voltados para a venda de produtos.

A metodologia se aplica a grupos, com o uso de indutores para gerar percepções espontâneas sobre uma questão. Percepções livres de críticas e sem limites à imaginação, em que as pessoas apresentam seus insights em colaboração com o todo. É o que se chama "tempestade de ideias". A forma de explorar (no bom sentido) o potencial criativo de cada pessoa, direcionado para um objetivo comum. Quanto mais ideias, melhores chances de solução positiva.

Ideias novas não caem do céu, nem aparecem da noite para o dia. Para o momento *Eureka!* acontecer é preciso *sangue, suor e lágrimas*. Treinar a mente tem que ser parte da rotina diária.

Exercitando 1:

Neste momento, dê uma parada na leitura deste livro; pegue uma folha de papel e uma caneta, ou o gravador de seu celular. Escreva ou grave uma resposta para esta pergunta: *Como me imagino no ano 2040?*

Quando terminar, guarde. No dia seguinte, leia a resposta ou ouça a gravação. Avalie se considera uma boa resposta. Se não gostou, faça de novo. Pense qual seria a resposta de alguém que você admira. Converse com um amigo, veja o que ele responde. É uma boa provocação para estimular a criatividade.

Exercitando 2:

Escolha uma atividade de sua preferência e passe a praticá-la. Use um tempinho de seu dia e, disciplinadamente, se dedique ao que escolheu:

- Escrita livre: escreva o que vier à sua cabeça, sem se preocupar com tema, formato, coerência, logica ou intelectualidade. Só escreva.

- Desenho: visualize uma ideia e a desenhe, mesmo sem ser um artista. Sem qualquer julgamento. Só desenhe.

- Quebra-cabeça: sabia que esse jogo simples de memória fortalece conexões e forma novas conexões mentais? Só jogue.

Last but not least...

- A base do conhecimento é a leitura. É um estímulo poderoso. Leia de tudo, até bula de remédio. Só leia.

Especialistas afirmam que atividades lúdicas despertam fantasia, imaginação e imagens. O psiquiatra Henrique Schützer Del Nero, pesquisador de ciência cognitiva na Universidade de São Paulo, defende, em seu livro *O Sítio da Mente: pensamento, emoção e vontade no cérebro humano*, de 1997, a tese de que o potencial criativo de cada pessoa se desenvolve proporcionalmente ao repertório dela.

> *A mente calcula qual a melhor jogada a partir da maior taxa de informações com a menor redundância.*
>
> Henrique Schützer Del Nero (1959–2008) – O Sítio da Mente (1997)

Então, minha gente, semear grãos de criatividade é vital para o trabalho de criação. Também para a vida cotidiana. O que precisamos é terreno fértil para os grãos crescerem. Mãos à obra!

Processo criativo

No contexto geral, um processo criativo serve para dar o *start* à geração de ideias, e depois permitir a liberdade criativa. É inspiração, motivação. Pode funcionar para uns e não funcionar para outros. Como somos todos diferentes, podemos adaptá-lo para o próprio jeito de ser de cada um. O importante é experimentar e avaliar o processo que melhor combina com você.

Em resumo, processo criativo é:

- estrutura organizada para desenvolver ações desde o surgimento da ideia até a realização dela como projeto;
- metodologia para a construção de pensamento, otimização do tempo, aprimoração da produtividade, inibição de bloqueios;
- sequência de passos diante de um desafio.

> A palavra *processo*, do latim *procedere*, quer dizer seguir adiante, avançar, caminhar para a frente. Um processo é um conjunto de ações em sequência que tem um objetivo comum.

Existem diversos processos para organizar o raciocínio e implementar ideias. Acredito que ter uma estrutura como norte é sempre interessante. Vamos conhecer um exemplo, partindo da necessidade de escrever ou produzir um vídeo sobre determinado assunto para postar em uma rede social. Perceba se os passos a seguir ajudam a desenvolver um pensamento criativo em cima do tema:

1. Geração de ideias: coleta de informações. Significa pesquisa, leitura, conhecimento e experiência para inspiração. Anotações.

> Pense em soluções que você curte, leia biografias, visite exposições, assista a documentários. Nesse passo, a quantidade de informações coletada é mais importante que a qualidade das informações.

2. Incubação: quando as informações amadurecem. A pausa é importante, assim como uma atividade diferente ou um distanciamento da questão. O momento de fazer as ideias descansarem serve para o cérebro processar conexões de forma livre e inusitadas.

> Entenda que as conexões são, às vezes, mais valiosas do que o próprio processo.

3. Iluminação: o momento ***Eureka!*** A solução surge! É o resultado da combinação de conhecimento e experiências que foram alimentadas na incubação. É o insight — a compreensão do que poderá ser realizado.

4. Verificação ou avaliação: quando a ideia é analisada, refinada e desenvolvida. Testada e ajustada. É o passo que mostra como avaliar a relevância, as implicações e as melhorias do resultado da iluminação.

> Bem, nem toda ideia é perfeita. Desenvolver o pensamento crítico, o questionamento, assimilar a avaliação de outros ajuda a reconhecer o que falta e o que sobra.

5. Elaboração: a hora de colocar as ideias no papel. A ideia é trabalhada em detalhes para ser ajustada. Nesse momento, pode ter um passinho para a frente e vários outros passinhos para trás. Normal. Acontecia com da Vinci, Picasso, Hemingway...

Essa sequência de passos mostra que a inspiração tem seu próprio tempo. É uma estrutura dinâmica e flexível, muito simples e comum como indutora para desbloquear ideias e trazer resultados à tona.

Agora, você pergunta:

— O que faz esse processo ser eficiente para um produtor de conteúdo na internet?

Resposta:

— Executar já é eficiente.

E o que o tornará ainda mais eficiente é que, ao praticá-lo, você apreende um formato de geração de ideias que se tornará intuitivo. Vai servir, inclusive, para questionar o que você cria. Conhecer regras não é limitador. Ao contrário, é amplificador. Provoca o pensamento e a liberdade de expressão.

No livro *Confiança Criativa: libere sua criatividade e implemente suas ideias*, de 2019, os irmãos e educadores norte-americanos, David e Tom Kelley, após muitos estudos e pesquisas, mostram que não existe separação entre pessoas criativas e não criativas. Os Kelley comprovam: todos somos criativos.

Segundo eles, pesquisadores do Instituto de Design da Universidade de Stanford, a criatividade e a capacidade de inovação são como músculos: quanto mais você treina, mais fortes ficam. Nem todos somos artistas, mas podemos ser advogados, médicos, gerentes, jornalistas, comunicadores e produtores de conteúdo criativos. Precisamos treinar.

A *confiança criativa*, o conceito criado pelos irmãos Kelley, fortalece a coragem de fazer diferença ao combinar ideias ousadas com ações práticas, o que contribui para o lado profissional e pessoal.

> *Sabemos que qualquer pessoa pode conquistar a confiança criativa, um modo de vivenciar o mundo que leva a novas abordagens e soluções.*
> *Confiança criativa é lidar com um problema de forma transparente e envolver outras pessoas para que não seja apenas sua opinião pessoal. Todos chegam ao final muito mais entusiasmados.*
> *Acreditamos que a nossa energia criativa é um dos nossos recursos mais preciosos, podendo nos ajudar a encontrar soluções inovadoras para alguns dos nossos problemas mais recorrentes.*
>
> David e Tom Kelley – Confiança Criativa (2019)

Bônus Aristóteles

Quem nos ensina uma chave bem interessante para geração de ideias é o filosofo Aristóteles!

Com seus discípulos, ele realizava longas caminhadas enquanto discutiam e debatiam questões, como se fossem *aulas itinerantes*. Ele dizia que, ao conversarem sobre assuntos enquanto andavam, a mente se abria para novos raciocínios, pensamentos e ideias!

Depois de muito tempo estudando na Academia de Platão, em Atenas, Aristóteles decidiu ter a sua própria escola. Fundou o *Lyceum* por volta de 335 a.C. — escola dedicada ao ensino e à pesquisa, com uma grande biblioteca, no meio de um bosque com uma alameda onde as pessoas passeavam.

Aristóteles e seus alunos caminhavam por ali, diariamente, discutindo questões variadas. Esse tipo de conversação é chamada, em grego, de *peripatos*. Por isso, o *Lyceum* ficou conhecido como *escola peripatética*. Enquanto circulavam pelos jardins, os *peripatéticos* — os alunos — ouviam palestras, faziam perguntas, debatiam ideias. Eram provocados a ter uma participação livre nas *aulas itinerantes*! Essa forma de aprendizado, dinâmico e interativo, se diferenciava da Academia de Platão onde as aulas eram expositivas.

Aristóteles acreditava que o movimento físico oxigenava o cérebro e estimulava a mente a pensar, portanto, a criar! Desde a Antiguidade, caminhadas, questionamentos, diálogos e conversação resultam em novas conexões de ideias, insights e até percepções existenciais!

Não é uma boa dica? Bora experimentar!

4. Panorama Digital

Conectado! Palavra de alcance planetário. A ligação entre dois mundos, o real e o virtual.

Nem lembramos mais que, antigamente, as pessoas interagiam por cartas, telegramas e longos telefonemas. E que as pesquisas e os estudos escolares eram realizados em livros, dicionários e enciclopédias com volumes imensos e pesadíssimos. O rádio, os jornais impressos e a televisão eram as únicas fontes de notícias sobre o Brasil e o mundo.

No momento, temos a certeza de que seria extremamente difícil viver longe da conexão com a internet. *Connected*. No momento, temos a certeza de que nossa vida nunca esteve tão fácil por causa do acesso a serviços e plataformas online nos quais resolvemos muitos problemas e situações com alta velocidade. Bem, nem sempre, não é?

Mas o que dizer das *redes sociais online*, que surgiram nos anos 1990 por causa de sites que incentivavam a interação entre as pessoas. Hoje, elas nos interligam a milhões de pessoas, amigas e inimigas, boas e más, do hemisférios sul e do norte.

Redes sociais online são estruturas criadas na internet por pessoas e/ou empresas que se conectam a partir de interesses comuns para consumir e partilhar conteúdo. Através das redes, as relações se formam rapidamente, sem hierarquia ou limites.
As conexões são facilitadas por sites e aplicativos dos mais diversos segmentos — profissional, relacionamento, entretenimento e noticioso — que permitem a interatividade e troca de informações.

Roberto Vinicius da Silva – Audiovisual nas redes sociais Unibra (2022)

Houve o tempo em que as redes sociais online não existiam. No tempo de antigamente, a rede social era a conversa de fim de tarde, depois que o serviço se encerrava, em cadeiras dispostas na calçada, na porta da rua, ou o bate-papo entre vizinhas de apartamento, sobre o que acontecia no prédio. Super rede social essa.

No formato moderno, elas se multiplicaram e evoluíram com o avanço das soluções tecnológicas. Algumas plataformas cresceram de forma exponencial, ao incorporarem recursos totalmente inovadores, aperfeiçoando novos modelos de comunicação de imenso alcance. Algumas redes surgiram, outras desapareceram, como o ciclo vital.

A internet e as redes mudaram a forma de agir e pensar. Não transformaram só o comportamento e a comunicação, mas introduziram o *grande diálogo do Século XXI* entre pessoas, marcas, empresas, negócios, entretenimento e informação. Há situações que nunca antes poderíamos imaginar que acontecessem, como

- ler um jornal de outro país aqui no Brasil, exatamente no instante em que ele é distribuído nesse outro país;
- localizar um parente distante, de quem há muito não temos notícias, fazer uma videochamada e matar as saudades olho no olho;
- comprar um tênis online sem experimentar e se não servir, devolver, trocar ou receber o dinheiro de volta.

Estar conectado é realidade. Mesmo que se discuta a privacidade, o direito que as pessoas têm de preservar seus dados e informações e se assegurar de que não são divulgados ou expostos além dos limites. Há métodos e sistemas de segurança digital, que mesmo atualizados para proteger esse universo não impedem a invasão. E não impedem o aparecimento de fake news, provocadas ou não, e de circularem como verdadeiras. Existem muitos aspectos para se discutir.

Overview

Há inúmeras pesquisas e análises em todo o mundo de institutos e organizações sobre a evolução e a tendência de como as pessoas estão vivendo conectadas à internet e como usam plataformas, sites e redes. Essas pesquisas são divulgadas constantemente. Alguns institutos são mais rígidos, outros menos, mas na maior parte os indicadores são muito interessantes.

Gosto do relatório *Digital 2024 Global Overview Report* . A última edição foi lançada em janeiro de 2024 e atualizada em outubro de 2024. São mais de quinhentas páginas com milhares de dados e informações sobre o comportamento das pessoas no mundo online em 230 países. É produzido anualmente desde 2012 pela Kepios, consultoria de marketing estratégico, em parceria com outras duas agências, a We Are Social e a MeltWater.

Todos os anos, milhões de pessoas no mundo leem os relatórios da Kepios em busca de orientação sobre tendências digitais para definirem estratégias, rumos e diretrizes de atuação no mercado produtivo global. As principais marcas, empresas, negócios, bancos, governos, startups e ONGs globais são atentas a esse levantamento.

Kepios: agência de consultoria com sede em Singapura que presta serviço para organizações internacionais sobre o comportamento das pessoas na internet e planejamento de uso de tecnologias digitais. Simon Kemp, o fundador e CEO da Kepios, é especialista em marketing digital e analista chefe da DataReportal, plataforma que integra milhares de fontes que analisam a forma e o motivo das pessoas se inserirem no mundo digital.

We are social: agência inglesa de marketing de influenciadores, com escritórios espalhados por vários países, atua com análises e perspectivas das redes sociais online.

Meltwater: agência norueguesa que realiza monitoramento global de mídia online e análise de dados para estratégias e soluções.

Digital 2024 Global Overview Report, breve resumo do relatório[1]

No mundo:

- Segundo dados das Nações Unidas, somos 8,2 bilhões de pessoas vivendo no planeta Terra.

- Cinco bilhões e 750 milhões de pessoas utilizam atualmente um telefone móvel, o que equivale a 70,3% da população mundial.
  Os dados também apontam que o uso de smartphones representa mais de 85% no uso de celulares no mundo.

- Um total de 5,52 bilhões de pessoas usam internet, o que equivale a 67,5% do alcance global da internet. Entretanto, 2,66 bilhões de pessoas permanecem offline.

- O percentual de mulheres que usam internet no mundo é de 60,4%.
  E o de homens, é de 70,2%.

- A média do tempo diário das pessoas conectadas à internet é 6h36.
  Essa média diária de conexão significa que a população mundial passa mais de 46 horas presa à internet por

semana;

Esse tempo inclui atividades como ver Netflix, ouvir Spotify, frequentar redes sociais, fazer compras online e realizar tarefas relacionadas com o trabalho.

- O uso do ChatGPT cresceu e se tornou um dos dez principais aplicativos utilizados entre junho e agosto de 2024.

  TikTok e Instagram, por exemplo, adicionaram mais usuários ativos durante o mesmo período, mas o fato de o ChatGPT já estar no top 10, ao lado desses dois outros aplicativos, é muito relevante.

- Redes sociais online: 62,3% da população mundial têm identidade nas redes sociais, o que equivale dizer que mais de 5 bilhões de pessoas, menos ou mais constantemente, frequentam essas plataformas.

  Entre 2023 e 2024, as redes sociais receberam 266 milhões novos usuários.

- Segundo a Kepios, a mesma pessoa pode gerenciar mais de uma identidade nas redes, mas a quantidade de pessoas não é muito diferente desse total.

No Brasil[2]

- População total: 217 milhões de pessoas, segundo a ONU.
- No Brasil, 187,9 milhões de pessoas são usuárias de internet, o que equivale dizer que a internet alcança 86,6% da população total.
- Crescimento: a análise da Kepios indica que os usuários de internet no Brasil aumentaram em mais de 6 milhões entre 2023 e 2024. Esses números revelam que 29,14 milhões pessoas ainda não usavam internet no início de 2024, ou seja 13,4 % da população permanecia offline.
- Conexão: o Brasil tem um total de 210 milhões de conexões ativas em celulares. Ou seja, 96,9% da população utiliza celulares para se conectar.
- Redes sociais online: os números mostram que existem 144 milhões de identidades ativas de usuários em redes no Brasil.
  Entre homens e mulheres, o uso de redes sociais tem pouca diferença: 55,6% dos usuários são mulheres e 44,4% homens.
  Crescimento: a análise da Kepios mostra que cresceu o número de pessoas usando mídias sociais, em cerca de 2

milhões de pessoas entre 2023 e 2024.

- Internet: brasileiros com idade de 16 a 64 anos estão conectados à internet diariamente, 9h13 em média. Nas redes sociais, gastam cerca de 3h37 por dia. A maioria de pessoas conectadas está em redes sociais, mas também usa chats, aplicativos de mensagens, sites de busca, e-commerce, classificados, mapas, música, mobilidade, entretenimento, notícias, bancos, jogos, clima, esporte e viagem.

Ranking em tempo online por país

- A África do Sul é o país onde a população passa maior tempo online. Em média 9h24 por dia. Sendo que, atualmente, o alcance da internet no país está em 75%.

- Os brasileiros ocupam o segundo lugar em conexão. Em média, 9h13 por dia ligados à internet.

- Os filipinos aparecem em terceiro lugar, passam 8h52 por dia online.

- Na ponta final do ranking, estão os sul-coreanos, que gastam 5h19 de seu dia na internet; os dinamarqueses, que ficam online cerca de 5h8 por dia. E, os japoneses, que gastam menos de quatrohoras por dia na internet.

Na conclusão, o relatório indica que entre os 230 países pesquisados, o Brasil tem presença marcante na internet. Desde 2023, o Brasil se posiciona nos primeiros lugares com a população que mais usa redes sociais no mundo. O tempo dos brasileiros gastos em plataformas de interação criou possibilidades profissionais e tem impactos econômicos.

O brasileiro é naturalmente comunicativo e tem tendência a gostar de compartilhar o seu dia a dia. É também um povo movido à novidade tecnológica. Mas a ferramenta que amplia a socialização e as oportunidades também reflete em danos tanto psicológicos quanto financeiros, se há excessos sem cuidados.

O *Digital 2024 Global Overview Report*[3] é uma fonte de dados — como existem outras — sobre conexão digital. Sabemos que esse panorama muda rapidamente e as análises se desatualizam em pouco tempo. Por isso, os números são válidos para termos um panorama hoje, aqui e agora. Mas, com certeza, você encontrará outras pesquisas, outras metodologias, ou atualizações de pesquisas e os números serão diferentes.

Contraponto

Apesar de mais de 80% da população ser usuária de internet

no Brasil, somente 22% têm conectividade significativa — que significa ter as condições amplas e estáveis de acesso e representam a inclusão numa sociedade digital. Isso acontece porque a efetividade (eficiência) do acesso, a qualidade, a velocidade de conexão, entre outros indicadores que medem conectividade significativa, são bastante desiguais para a população nas cinco regiões brasileiras.

As diferenças estão indicadas na pesquisa *Conectividade Significativa: propostas para medição e o retrato da população no Brasil*, lançada em abril de 2024, pelo Centro Regional de Estudos para o Desenvolvimento da Sociedade da Informação.

Uma das conclusões é a que reverte a expectativa de que as gerações mais jovens, por serem cada vez mais conectadas, podem minimizar esse descompasso.

Na verdade, nem tanto. Uma parcela importante desse grupo possui conectividade precária e por isso ingressa no mercado de trabalho em desvantagem. A análise é de Graziela Castello, coordenadora de estudos setoriais no Centro Regional de Estudos para o Desenvolvimento da Sociedade da Informação e responsável pelo levantamento.

> *Um jovem que tem acesso apenas pelo celular, com um pacote de dados que termina antes do final do mês e sem conexão em casa, de saída já tem barreiras muito*

maiores para aproveitar as oportunidades da internet na sua formação e desenvolvimento profissional, se comparado a outro jovem que consegue se conectar quando e onde quiser e que tem acesso a diferentes tipos de dispositivos.

Graziela Castello – Cientista social

Segundo a pesquisa *Conectividade Significativa*[4], para existir a conectividade significativa no Brasil, para que a população possa de fato ter uso inclusivo de internet em patamar de igualdade, é preciso *massificar* os serviços de internet e dos dispositivos de acesso e incrementar o *desenvolvimento* de habilidades digitais. Sem investimento contínuo e constante nesses aspectos, a maior parte da população brasileira permanecerá prejudicada em relação aos benefícios das tecnologias digitais, mesmo que cresça como população conectada.

---

1. Os dados são exatamente os mesmos que estão no site do Global Overview Report.
2. O IBGE (Instituto Brasileiro de Geografia e Estatística) publicou em agosto de 2024 que a população total do Brasil é de 212.583.750 de habitantes. Aqui, mantenho os números segundo a ONU, que serviram de base para o *Digital 2024 Global Overview Report*.

3. O *Global Overview Report* é aberto e divulgado gratuitamente na plataforma DataReportal. Para mergulhar no panorama digital do relatório do Brasil, veja: DIGITAL 2024 Global Overview Report. DataReportal, 2024. Disponível em: https://datareportal.com/reports/digital-2024-brazil.

4. CONECTIVIDADE Significativa: propostas para medição e o retrato da população no Brasil. Cetic, 2024. Disponível em: https://cetic.br/media/docs/publicacoes/7/20240415183307/estudos_setoriais-conectividade_significativa.pdf.

5. O Vídeo Online

#breveabordagem

> *Contar uma boa história é tornar uma informação parte permanente da memória de quem a ouve. Por isso, tente fazê-la simplesmente inesquecível.*
>
> Bruno Rodrigues – Webwriting e UX Writing:Redação para Mídia Digital (2024)

Um podcast numa plataforma, um vídeo na rede social, um artigo num site, um post, um feed, um story, um reel. Tudo o que pode ser útil como informação ou conhecimento por alguém que frequenta a internet é considerado conteúdo, não importa seu teor, formato ou duração.

A comunicação digital, acessível de qualquer lugar, a qualquer momento, e por diversas plataformas, hoje tem dois pilares que se entrelaçam: a informação e o relacionamento (interação). É assim que o especialista em Informação Digital, Bruno Rodrigues, explica no livro *Webwriting e UX Writing: Redação para mídia digital*, o que estamos vivendo atualmente no mundo conectado.

> *Minha carreira se deu no Jornalismo Audiovisual. Durante mais de quatro décadas, enquanto os recursos tecnológicos evoluíam, vi o jornalismo de TV mudar e o conteúdo se adaptar.*
>
> *Vi e vivi reportagens serem rodadas em filme preto e branco mudo e mais tarde em filme colorido sonoro. Os filmes precisavam ser revelados num processo químico como o da fotografia, e só então as reportagens eram montadas em uma moviola, onde os fotogramas eram cortados e colados, para depois irem ao ar. Processo manual.*
>
> *A tecnologia evoluiu, e as reportagens passaram a ser gravadas em videocassete profissional com um sistema magnético, e melhor qualidade de som e imagem. O principal, não havia mais tempo gasto na revelação dos filmes da reportagem, que eram editadas com muita agilidade em ilhas de edição magnéticas. Processo eletrônico.*
>
> *Foi uma revolução, pois resultava em imediatismo para as matérias irem ao ar. Daí em diante, os predicados do modo de fazer jornalístico se superaram. A evolução*

de equipamentos de captação de áudio e vídeo, da produção, da reportagem, da edição, proporcionou uma vida nova ao jornalismo televisivo.

A tecnologia produziu o avanço em doses aumentativas, modificou redações e jornalistas em todas as áreas e ambientes, além de distribuir notícias em maior velocidade, em qualquer formato (texto, áudio, imagem).

Com a internet, a linguagem audiovisual invadiu o mundo das redes — vídeos de todos os tipos trafegam um volume descomunal de informações.

Em relação às competências, os jornalistas passaram a incorporar ferramentas em constante transformação. Vi a máquina de escrever perder o lugar para os laptops. E surgir um dos maiores desafios do jornalismo por conta da distribuição desenfreada de notícias e do acesso sem critérios que é o embate entre credibilidade e fake news.

A era digital impõe ao jornalismo uma atuação mais e mais abrangente em relação à responsabilidade com a informação e à valorização dos princípios da ética, da verdade, da precisão, da independência, da imparcialidade, do equilíbrio e da transparência.

O *vídeo* — a expressão mais atual da linguagem audiovisual — conquista cada vez mais espaços, marca territórios, reforça presença e consolida um modo subjetivo de gerar informação sobre qualquer assunto. Torna-se essencial para a comunicação, entretenimento, informação, marketing e educação.

O mundo se tornou conectado e audiovisual. O povo se tornou produtor de conteúdo. Nunca antes na história deste país, se poderia imaginar o impacto do audiovisual na comunicação online.

A palavra audiovisual é de origem latina, derivada de *audire*, que significa ouvir, e *videre*, ver. O audiovisual é um meio de comunicação em que se usa conjuntamente elementos visuais e sonoros, ou seja, uma comunicação que é vista e ouvida ao mesmo tempo. Para que a mensagem em som e imagem tenha qualidade e alcance o seu receptor de forma perfeita, há uma série de etapas que precisam ser realizadas. Etapas intelectuais e técnicas.

A popularização dos vídeos está ligada à implantação da banda larga de transmissão de dados — essencial para a conectividade de qualidade — no início dos anos 2000. Anteriormente, assistir a um vídeo na internet era frustrante, já que a qualidade da imagem era péssima e havia inúmeras interrupções, porque o carregamento do sinal era complexo, lento e desesperador.

Com a nova tecnologia, tudo mudou. O lançamento do YouTube em 2005 foi um marco ao facilitar o acesso ao consumo dos vídeos. O recurso de compressão de vídeo trouxe os serviços de streaming e a disponibilidade, bem à mão, de catálogos de filmes, séries, programas de TV, documentários e muito mais, que só faz crescer. E. o audiovisual invadiu as redes e a atividade de interação das pessoas em todo e qualquer lugarzinho do planeta.

O consumo de vídeos em smartphones e tablets, cada vez mais aperfeiçoados para essa finalidade, explodiu. Instagram e mais plataformas têm alta audiência em dispositivos móveis, porque é mais conveniente. A medida que se aprimora a tecnologia de gravação em smartphones — com câmeras de lentes poderosas e miniacessórios de qualidade perfeita —, os vídeos deixam de lado o formato amador *do it yourself* (faça você mesmo)e incorporam melhorias em enquadramento, som, iluminação, edição, efeitos, trilhas, legendas. De amadores para profissionais em um pulo!

Para quem se dedica a produzir conteúdo para redes como Instagram ou TikTok, uma lente poderosa é o grande objeto de desejo, por isso, para muitos, a câmera de um smartphone é mais importante do que o próprio aparelho para fazer ligações.

O vídeo é o melhor formato que temos hoje disponível para contar histórias em narrativas digitais. Através da imagem em movimento, do som e da edição se estabelece forte ligação emocional com o público-alvo, na maioria das vezes, maior do que qualquer outra mídia. A linguagem audiovisual se tornou popular no mundo digital, pois tem atrativos próprios perfeitos para esse mundo. Como:

- imagem em movimento;
- interatividade;
- personalização de conteúdo;
- compreensão acessível;
- zero esforço de consumo;
- variedade;
- traz o aprendizado do novo;
- provoca emoções;
- estimula comentários;
- viraliza, extrapola barreiras.

Vivemos em um tempo em que as pessoas têm acesso a grandes volumes de dados e informações. Milhões de vídeos são compartilhados diariamente, quantidade incontrolável em velocidade máxima, como se fossem chuva de meteoros, partículas pequeninas lutando no espaço digital. Para se destacar, o vídeo precisa ser bom. Ter características que o façam ascender ao *grupo A* da batalha virtual.

Há critérios que precisam ser levados em conta para entrar nessa competição:

- relevância: a mensagem precisa oferecer algo significativo, de valor;
- clareza: a mensagem deve ser direta e objetiva porque o consumo é instantâneo;
- *set up*: a abertura da mensagem tem que *levantar a arquibancada*;
- informação: tem que ser verídica, precisa, e apurada;
- contexto: a mensagem deve estar ambientada para facilitar a identificação;
- público-alvo: quem é? A quem a mensagem se destina?;
- conexão: a criação do laço emocional;
- coerência: o estilo se torna reconhecido se for transparente;
- envolvimento: a mensagem só é memorável se as pessoas perceberem que ela faz sentido na sua própria vida;
- adequação: a mensagem deve ser adequada às ferramentas de publicação de cada plataforma.

Hoje, uma pessoa sozinha, individualmente, pode comunicar sua história para milhões de pessoas em todo o mundo. O uso do audiovisual ajuda a visualizar as histórias, ideias, pensamentos, muitas vezes impossíveis na linguagem escrita ou falada porque usuários de internet são, hoje, mais visuais do que textuais.

Existem diversos tipos de vídeos que atendem a diferentes propósitos e públicos. Algumas categorias ganharam força, nem tanto pelo conteúdo, mas pelo engajamento que conseguem promover.

- Vídeos interativos. As pessoas gostam do que é instantâneo e do que podem se relacionar. E essa relação envolve não só a comunicação, mas o compartilhamento de informações, ideias, emoções e atitudes.

- Vídeos curtos, os shorts vídeos. Alta popularidade com a geração que só gosta de consumir conteúdos rápidos, vídeos de 15 a no máximo 30 segundos, informações sucintas e mensagens diretas.

- Vídeos verticais. Deixaram o formato paisagem, da fotografia e do cinema, para trás. Nós enxergamos no plano horizontal e sentimos mais conforto assim. Mas, os celulares romperam esse padrão e valorizaram a verticalização da imagem.

Obs.: nos capítulos da terceira parte deste livro, **O Fim: Open Ending**, há outras informações para a produção de conteúdo em vídeo.

Tendências

Tendências nos dias de hoje são um risco. Tudo muda, progride provavelmente mais rápido do que a publicação deste livro. O altíssimo consumo de vídeos online segue influenciando a maneira das pessoas assistirem, criarem e produzirem suas mensagens em formato audiovisual. Consequentemente, produtores de conteúdo procuram insights para o futuro nesse universo volátil.

A agência de marketing digital Mestre publicou, em agosto de 2024, um artigo analisando as tendências de consumo de vídeo, a partir da pesquisa *Como o consumo de vídeo está mudando em 2024*, realizada pela HubSpot[1].

A HubSpot levantou informações com mais de quinhentos profissionais de marketing sobre conteúdo em vídeo. E indica o que ainda deve seguir pontuando no mundo digital num futuro próximo:

- Vídeos 360 graus: para explorar os vários ângulos diferentes, além do vídeo tradicional. Mergulhar em ambiente virtual 360 não só cativa e encanta, como ressignifica a narrativa audiovisual.

- Inteligência artificial: para criação de vídeos com eficiência e singularidade, com qualidade visual e sonora diferenciadas e agilidade. O uso já se espalhou e os cuidados são poucos. Há infinidade de IAs por aí falando em nome de personalidades.

- Vídeos educacionais e *how-to* mantêm a popularidade. Quem não gosta de aprender algo novo em vídeo? Mais fácil, acessível, tranquilo e gostoso.

Mesmo que essas tendências sejam óbvias, ou não se realizem, ou outras tendências apareçam e se consolidem, o fato é que o crescimento da criação de conteúdo em vídeo para publicação na rede permanece em alta. A fonte de inspiração desse conteúdo — incluindo vídeos de marcas e empresas que querem vender produtos — tem um foco principal: *as pessoas*. Se esse foco for mantido de uma forma inteligente, séria, ética competente e não forçada, a mensagem em audiovisual é, de fato, o grande empreendimento do século.

---

1. HubSpot é uma empresa norte-americana fundada em 2006, que usa um tipo de metodologia associado a uma tecnologia para gerar possibilidades para empresas em estratégias de marketing, vendas e atendimento ao cliente, com o objetivo de garantir melhores resultados para os negócios e relacionamentos entre empresas e clientes.

O MEIO: CAMINHOS POSSÍVEIS

6. O Que É Uma História?

Um livro não existe até que alguém o leia, pois, caso contrário, ele será um objeto na prateleira
Como leitor, nos entregamos à voz que está narrando e por aquele período suspendemos a nossa narrativa interna para mergulharmos na história de outra pessoa.
Essa é a beleza de tudo.
Podem falar o que quiserem dessa arte, mas ela jamais desaparecerá porque é parte da necessidade humana. Precisamos de histórias. Só Deus sabe o quanto precisamos de histórias!

Paul Auster (1947–2024) – Programa Conversa com Bial (2019)

Auster é autor de mais de trinta livros, entre eles *Trilogia de*

Nova York e *O Livro das Ilusões*, alguns adaptados para o cinema. Em uma entrevista de 2011, disse que gostava de escrever à mão em cadernos e depois produzir a cópia final em uma máquina de escrever, em vez de usar o computador.

Anos depois, o escritor norte-americano nos presenteou com a bela reflexão sobre a arte da escrita na entrevista ao jornalista Pedro Bial no programa *Conversa com Bial*, da Tv Globo, em setembro de 2019. Essa declaração me faz perceber que gosto de histórias porque elas me permitem conhecer o desconhecido. E quem não gosta de conhecer fatos/acontecimento estruturados com significado? Por isso, acredito que nós, jornalistas e comunicadores, devemos cumprir com muita dedicação e verdade nossa missão como contadores de histórias para informar e, principalmente, estimular nas pessoas o conhecimento daquilo que é desconhecido.

Histórias têm poder

Kenneth Burke, crítico de literatura e teórico norte-americano, especialista em retórica, estética, sociologia e comunicação, ficou muito conhecido porque as resenhas de livros que escrevia se tornavam grandes ensaios literários. Em *Teoria da Forma Literária*, Burke propõe a literatura como *equipamento para* a *vida* — a chave para lidar com as situações que enfrentamos. Para ele, a literatura, os livros, os romances, os textos transmitem tudo o que precisamos para entender o mundo ao redor. Ele quer dizer que, a cada vez que nos surpreendemos com uma história, ela nos fortalece com uma extraordinária bagagem para incorporarmos novos saberes ao nosso modo de viver.

> *Uma história, através de seu significado,nos arma de conhecimento para enfrentar a vida.*
>
> Kenneth Burke (1897–1993) – Teoria da Forma Literária (1969)

Histórias têm intenção

Steven Spielberg diz que gosta de combinar mensagens mais sérias com entretenimento ou, nas palavras dele, *remédio e açúcar*. O cineasta, roteirista e diretor que tem o maior número de filmes — seis — na lista do American Film Institute, organização sem fins lucrativos que identifica os cem melhores filmes norte-americanos de todos os tempos, tem um propósito claro ao fazer cinema.

Às vezes faço filmes porque sei que o público vai gostar deles, porque são uma aventura, com muitos efeitos especiais e grandes personagens, e sei que os espectadores vão gritar e rir e ficar loucos. Sinto a ânsia de entreter, mas também de chamar a atenção sobre temas relevantes para que os jovens possam aprender com eles.

Steven Spielberg – El País (2018)

Histórias têm estrutura

Quando definimos a história que queremos contar, temos que definir o formato da narrativa. Conhecer a estrutura é navegar no mar calmo, sem vento. Para quebrar as regras da estrutura, inovar e ousar, precisamos conhecer as regras.

Robert McKee é um reconhecido *script doctor* e professor de escrita criativa. Seu livro, *Story: substância, estrutura, estilo e os princípios da escrita de roteiro*, obra de referência sobre a escrita para cinema e teatro, difere de outros livros sobre roteiro. McKee não escreve sobre fórmulas, escreve sobre forma.

A arte de contar histórias consiste em narrar um pedacinho do que acontece no mundo da forma mais fascinante e importante do mundo.

Robert McKee – Story (2006)

Histórias se repetem

O novo está em como contar. Não basta saber *o que* contar, mas *como* contar. Não há história desinteressante, se a abordagem for interessante.

A aventura em busca de narrativas diferenciadas e atraentes é constante e por isso quando conhecemos noções de dramaturgia e roteiro existem parâmetros para organizar eficientemente as ações da narrativa.

Aliás, você sabia que parâmetros, ou limites, fazem a criatividade expandir?

Histórias têm elementos essenciais

Sem acontecimentos não é possível contar uma história. Quem vive os acontecimentos são personagens em tempos e espaços definidos. Tem que ter um narrador para contar a história.

Os filmes do cineasta Quentin Tarantino — que entre muitos prêmios, têm dois Oscars de melhor roteiro original — fogem do convencional desde a base estrutural de roteiro, em seus diálogos, na captação de imagem e som, e na edição.

Quando jovem, ele trabalhou como atendente na Video Archives, locadora de filmes e também uma espécie de clubinho de aficionados por cinema, em Manhattan Beach, na Califórnia. Navegando em mar revolto, do jeito que gosta, Tarantino opera vitalidade às regras clássicas de cinema e constrói o estilo próprio do modo de fazer. E sempre se renova!

> *Quando me perguntam se frequentei faculdade de cinema, eu digo que não. Digo que frequentei cinema. Mas, você nem imagina os lugares que frequentei. Aprendi que a maneira como você constrói uma história é tão importante quanto a própria história.*
>
> Quentin Tarantino – El País (2019)

Histórias criam laços

Contar histórias é prática ancestral desde os desenhos rupestres nas paredes das cavernas. Nós conhecemos o que conhecemos de nossos antepassados graças a inscrições, desenhos, grafismos, traços, ou seja vestígios que foram preservados nas grutas de pedra onde provavelmente viviam. Nossos antepassados nos conectaram inexoravelmente às histórias do mundo deles.

Contar histórias é ter habilidade para transportar as pessoas para outros mundos. Um dos especialistas nesse estilo é um dos maiores autores da literatura fantástica, J.R.R. Tolkien.

Britânico, nascido na África do Sul, responsável por criar universos complexos em obras como *O Hobbit* e a saga *O Senhor dos Anéis*, Tolkien acreditava que as histórias (e seus significados) podem se manter vivas para gerações futuras.

No livro *As Cartas de J.R.R. Tolkien*, publicado em 1981 depois de sua morte, estão registradas 354 cartas que ele escreveu desde os tempos de estudante na Universidade de Oxford. Tolkien comenta a vida, o trabalho e o processo de escrever. Na Carta 131, ele registrou:

> *As histórias que nos contam algo profundo sobre a natureza humana, que capturam a essência da*

experiência humana e que tratam de temas universais, são aquelas que têm algo para oferecer além das palavras e que permanecem relevantes ao longo do tempo.

J.R.R.Tolkien (1892–1973) – As Cartas de J.R.R. Tolkien (1981)

História é matéria-prima. Para jornalistas e comunicadores

Por premissa e responsabilidade devemos conhecer diretrizes para sabermos contar as melhores histórias possíveis. E, precisamos alcançar níveis de eficiência, pois lidamos com histórias verdadeiras, com a realidade do dia a dia. A busca constante do jornalista é a história além da história, o que está por trás da obviedade do contexto que quanto mais investigado e apurado melhor será.

Gay Talese, jornalista norte-americano, nascido em fevereiro de 1932, em Nova Jersey, Estados Unidos, ficou famoso por conta de seu minucioso trabalho de apuração e principalmente pelo seu olhar pessoal na cobertura jornalística. Ele foi um dos pioneiros do "New Journalism" — conceito que diz que uma reportagem pode ter estilo literário e não apenas ser um relato descritivo de informações. E pode, sim, ter um ponto de vista autoral.

Em abril de 1966, Talese publicou um artigo de 55 páginas na revista *Esquire* com o título: "Frank Sinatra has a cold" (Frank Sinatra está resfriado, em tradução literal). Talese tinha ido a Las Vegas para uma entrevista exclusiva com o cantor, conforme combinado com seus assessores. Durante cinco dias, aguardou a entrevista com Sinatra, porque diziam que Sinatra estava resfriado.

Depois desse tempo, Talese foi embora sem fazer a entrevista! E decidiu escrever sobre o que viu e observou naqueles dias, mesmo sem entrevistar o principal personagem. O seu texto é tão primoroso, e inaugurou uma fase tão diferente no jornalismo, que é até hoje estudado em cursos de jornalismo.

A partir de então, as reportagens jornalísticas se inovaram e passaram a ser escritas em tom subjetivo e pessoal. O New Journalism abriu portas para que cada jornalista abordasse os assuntos de forma autoral, contando histórias em vez de descrever fatos. Assim como o artigo de Talese na *Esquire*. A abertura — o lead — já nos propõe uma aula:

> *Sinatra resfriado é Picasso sem pintura, Ferrari sem combustível — só que pior. Porque um resfriado comum rouba de Sinatra aquela joia que não se coloca no*

seguro, sua voz, mina sua confiança, e isso afeta não apenas seu estado psicológico, mas também parece provocar uma espécie de contaminação psicossomática em dezenas de pessoas que trabalham para ele, bebem com ele, gostam dele, pessoas cujo bem-estar e estabilidade dependem dele.

Um Sinatra resfriado pode, até certo ponto, emitir vibrações que interferem na indústria do entretenimento e, além dela, da mesma maneira quanto uma súbita doença do presidente dos Estados Unidos pode abalar a economia do país.

Gay Talese "Frank Sinatra has a cold"– revista Esquire 1966

Histórias importam

E ajudam a compreender a sociedade onde vivemos, o que defender, o que mudar.

Alice Walker é uma escritora, poeta e ativista feminista nascida na Geórgia, Estados Unidos, em 1944. Tem mais de trinta obras publicadas sobre as dificuldades e o cotidiano violento, principalmente das mulheres, da comunidade negra -norte-americana. Em muitos de seus romances, relata experiências que ela própria viveu.

Seu livro *A Cor Púrpura*, pelo qual ganhou vários prêmios, foi adaptado para o teatro e para o cinema com imenso sucesso. Alice usa a literatura como uma forma de luta pelo feminismo, e pela igualdade política, sexual e racial.

> *Eu me preocupo com todo mundo, mas a história das mulheres tem sido constantemente suprimida ou ignorada.*[...]
> *Então, quando vou a algum lugar, quero saber o que as mulheres têm a dizer porque elas tendem a ser silenciadas.*
> [...]*A ideia de que você possa fazer arte sem mensagem política ou social é absurda, mas querem nos dizer isso porque sabem que os povos do terceiro mundo, especialmente mulheres, sempre terão algo crítico a dizer.*[1]

Alice Walker – "Literatura e ideologia: uma entrevista com Alice Walker" (2011)

Histórias nos definem

Todo mundo tem uma história para contar! Todo mundo tem uma história que merece ser contada.

De onde veio seu nome? Qual a origem da sua família?

Em quais lugares você morou? Por que você é jornalista?

---

1. LITERATURA e ideologia: uma entrevista com Alice Walker. Portal Geledés, 2011. Disponível em: https://www.geledes.org.br/literatura-e-ideologia-uma-entrevista-com-alice-walker/.

7. Prólogo, Episódio e Êxodo

A alegria que se tem em pensar e aprender faz-nos pensar e aprender ainda mais.

Aristóteles (384–322 a.C.)

Há muitas frases atribuídas a Aristóteles. Essa é uma delas. E reflete o que o filósofo grego mais gostava.

Há mais de 2 mil anos, Aristóteles escreveu inúmeros e longos tratados sobre temas diversos. Alguns permanecem desconhecidos por terem se perdido. De outros, há fragmentos.

Importante, para nós, é o fato de ele ter definido os fundamentos dos gêneros literários no que se considera o seu manuscrito mais antigo, a *Poética*. É dessa obra — referencial — que surgem os princípios para contar histórias de qualquer forma que seja: romances, teatro, poesia, cinema, texto, vídeos, fotos, desenho, animação, no mundo analógico e no mundo digital.

Para compreender Aristóteles, precisamos entender o auge da civilização grega, pois ele — como grande parte dos pensadores gregos — viveu numa época em que havia não só importante desenvolvimento econômico, mas também intenso estímulo intelectual. Eram os tempos vibrantes do Período Clássico da Grécia Antiga.

Grécia

Uma das mais importantes civilizações da Antiguidade, marcada pela constituição de um grande Império e contribuições para a humanidade em praticamente todas as áreas do conhecimento. A divisão histórica define como Período Clássico o auge dessa civilização, conhecido também como Era de Ouro, por ter se expandido em conquistas de outros territórios e também em cultura, política, artes e intelectualidade, influenciando grande parte do mundo que vivemos hoje.

As transformações promovidas por Péricles, general e estadista governante em Atenas — a cidade-estado mais poderosa —, levaram a Grécia para inusitadas reformas democráticas e manifestações artísticas. Fértil, repleta de realizações, com inúmeras contribuições, a Grécia tem grande destaque na história da humanidade.

- **Filosofia:** Sócrates, Platão e Aristóteles estabeleceram as bases da filosofia ocidental. O pensamento grego influenciou o desenvolvimento da metafísica, lógica, ética e política, literatura, artes, entre outras ciências.

- **Arte:** escultura, pintura e arquitetura em busca da perfeição do belo e da harmonia estética.

- **Teatro:** encenações em festivais se transformam em gêneros teatrais com textos sérios e críticos, em arenas construídas ao ar livre, popularizando a arte teatral.

- **Ciência e matemática:** Hipócrates, o pai da medicina, Euclides criador da geometria, Arquimedes na física e matemática. E muitos outros.

- **Esporte:** os Jogos Olímpicos da Antiguidade, um festival realizado no santuário de Olímpia, a cada quatro anos, mistura de religião e esportes em homenagem a Zeus, rei dos deuses na mitologia.

- **Política e democracia:** definitiva participação direta dos cidadãos nas decisões políticas. Homens iguais perante à lei. A democracia ateniense se tornou a base da democracia moderna.

Teatro grego

No início eram festividades populares dedicadas ao deus Dionísio, o deus do vinho, da fertilidade e do prazer. Essas celebrações com cantos e danças chamadas *Dionisíacas*, eram realizadas em ruas e praças. Os foliões cantavam ditirambos, uma espécie de hino. Com o tempo, a cantoria incorporou uma história e personagens. O que era brincadeira virou peça de teatro.

Autores como Ésquilo, Sófocles e Eurípides criavam textos com personagens diversificados, a ação era rica, as histórias profundas. Os espetáculos de dança, mímica, música e poesia eram apresentados em anfiteatros construídos nas encostas das colinas para facilitar a arquitetura do palco no centro e as arquibancadas ao redor, com acústica perfeita e boa visão da cena. A arena se dividia em orquestra, onde ficava o coro — atores que cantavam e declamavam fazendo a ligação entre as cenas — e o palco, onde os atores atuavam.

O teatro grego não era só entretenimento. As peças tinham temas emocionais, morais, sociais, legislativos e políticos. Eram encenadas por homens, mesmo as personagens femininas. Os atores usavam máscaras para representar sentimentos: tristeza, alegria, horror, medo.

O símbolo universal do teatro — duas máscaras lado a lado,

uma rindo e outra chorando — tem sua origem na configuração da comédia e da tragédia da Grécia Antiga. A arte grega se espalhou para o Império Romano e para outras partes do mundo. Os autores são estudados em escolas de dramaturgia e universidades, e continuamente encenados nos principais palcos de muitos países.

Aristóteles, o Estagirita

Assim Aristóteles era conhecido por ter nascido na pequena cidade de Estagira, ao norte da Grécia. Seu pai foi o médico do rei da Macedônia e a ligação com a família real influenciou a vida de Aristóteles.

Aos 17 anos, ele foi para Atenas estudar na Academia, a escola criada por Platão que havia sido discípulo de Sócrates e depois, mestre de Aristóteles. Mesmo ao lado do mestre Platão, Aristóteles tinha sua própria linha de pensamento e os dois chegaram a discordar em muitas teorias.

Depois da morte de Platão, Aristóteles saiu de Atenas. Aceitou uma proposta do Imperador Filipe II para ser tutor de seu filho Alexandre, na época com 13 anos. Filipe II cedeu o Templo das Ninfas, em Mieza, para ser usado como academia de estudos para Alexandre e os filhos de outros nobres. As disciplinas eram diversas, biologia, matemática, química, literatura. Um pouco de tudo.

Com o assassinato de Filipe II, Alexandre, aos 20 anos, assumiu o Império. E Aristóteles voltou para Atenas, onde fundou sua própria escola, o Lyceum, a *escola peripatética*.

Os alunos realizavam pesquisas sobre botânica, biologia, lógica, ética, matemática, astronomia, medicina, retórica, física, metafísica, política e arte porque todos esses assuntos eram de interesse do próprio Aristóteles. Em diálogos livres, francos e abertos, Aristóteles e seus discípulos discutiam os temas a caminhar pelos jardins, em aulas itinerantes, e por isso, os alunos eram chamados de *peripatéticos*.

Alexandre, o Grande se tornou um dos mais poderosos imperadores da Antiguidade. Sua morte foi repentina, aos 33 anos, não se sabe se por ferimento de guerra ou por malária. Mas, o que se sabe é que a morte súbita de Alexandre deixou a situação política muito tensa em Atenas.

Com a morte de Alexandre, Aristóteles começa a ser perseguido por causa de suas ligações com o monarca e decide fazer um exílio voluntário. Foi para a cidade de sua mãe, Cálcis, na ilha Eubeia, onde morreu aos 63 anos.

Poética

Do que se conhece da enorme produção intelectual de Aristóteles (boa parte desaparecida ou destruída), *Poética* é dos mais importantes textos. Era, segundo pesquisadores, uma espécie de caderno guia que o filósofo usava em suas aulas com os discípulos.

Hoje se sabe, por meio de estudos feitos do material que restou[1], que em sua origem *Poética* era composto por dois volumes em que Aristóteles analisou detalhadamente o que se definiu como gêneros literários da época: a tragédia, a epopeia e a comédia. Os fragmentos de textos que resistiram são do primeiro volume. Tratam da tragédia e da epopeia. O volume totalmente perdido era, segundo se prevê, sobre a comédia.

Aristóteles escreveu *Poética* em 334 a.C. e a obra foi traduzida para o latim somente durante o Renascimento. Junito de Souza Brandão, professor de mitologia grega e latina, explica, no livro *Teatro Grego: tragédia e comédia*, que os humanistas se dedicaram a conhecer e a difundir a doutrina aristotélica, traduzindo e interpretando os fragmentos dos escritos que haviam se perdido pelo mundo.

A primeira tradução para o português é anônima, de 1779. Em 1789, foi publicada a tradução do grego para o português de

Ricardo Raimundo Nogueira, impressa na Oficina Tipográfica de Lisboa.

Aristóteles analisou os gêneros literários da sua época, seus efeitos sobre o público e estabeleceu os processos para uma narrativa. Esse tratado tem tamanha força e influência que é reconhecido como a *gênesis* da teoria literária.

O primeiro volume de *Poética* apresenta uma introdução geral sobre tragédia, epopeia e comédia, e as definições dos elementos que uma tragédia, o gênero mais importante para o filósofo, deve conter para funcionar adequadamente. Podemos dizer, em síntese, que escrevendo suas anotações a partir de observações sobre a dramaturgia grega, Aristóteles definiu *um manual de princípios para a criação de narrativas*.

Na abertura de *Poética*[2], Aristóteles diz o que pretende:

> *Dispomo-nos a tratar da Poética, ela mesma, bem como de suas formas e do poder de cada uma delas; da construção da narrativa necessária à excelência e beleza da criação poética, da quantidade e das partes desta e igualmente dos outros aspectos relativos a essa investigação, começando naturalmente pelos primeiros princípios.*

Conhecer os princípios é absorver a visão do filósofo para

encontrar a excelência na criação de uma obra. Mesmo que, atualmente, princípios se fragmentem, sejam vulneráveis e questionados, não há dúvida que significam respaldo para criar.

> *Ele não foi o primeiro a escrever sobre teatro, Platão já tinha se interessado sobre o tema.* [...] *Mas o tratado dele foi o primeiro que vingou, que chegou praticamente na íntegra para nós e que exerceu uma influência enorme sobre tudo o que se escreveu sobre teatro e sobre a poesia posteriormente.*
>
> Adriane da Silva Duarte – "Reflexões de Aristóteles sobre o teatro e a poética continuam pertinentes" (2011)

As lições

Enfim , chegamos lá!

Como você, jornalista, comunicador, produtor de conteúdo do século XXI pode aproveitar as teorias do filósofo do século IV a.C.?

Se a Grécia é o berço da dramaturgia e Aristóteles esmiuçou os gêneros literários, tenho para mim que a *Poética* é uma referência necessária para nosso ofício em comunicação, seja ela analógica ou digital!! Entre suas principais definições, vamos começar com a que na *Poética*, é a mais abrangente, a dramaturgia. Analisando as tragédias, o filósofo estabeleceu relações entre personagem, ação e diálogo, dando exemplos do que seriam as boas narrativas para provocar reações na plateia.

A palavra drama, em grego, significa ação. A palavra dramaturgia significa representação ou imitação da ação. O conceito de dramaturgia em Aristóteles é

> *a organização de ações humanas de forma coerente,provocando fortes emoções ou um estado irreprimível de gozo ou revelação.*

Nesse sentido, ao ordenar a realidade, a dramaturgia estabelece os princípios para a construção de uma história. Então, a dramaturgia se faz presente em qualquer obra ou conteúdo em que se queira organizar acontecimentos ou ações para contar uma história e provocar emoções. Vale de literatura ficcional ou não, a roteiros de cinema, novelas e séries, desenhos até à modernas formas de narrativas digitais — *reels*, *short videos*, *stories*, *podcasts*, *posts*, *tutoriais*, *carrossel* e outros.

Dramaturgia moderna

Somente no século XVIII que o termo dramaturgia

passou a ser usado oficialmente para descrever estrutura narrativa. Foi o crítico de arte e dramaturgo alemão Gotthold Ephraim Lessing, do teatro de Hamburgo, que definiu princípios do que seria a dramaturgia moderna, em seu livro *Dramaturgia de Hamburgo*, lançado em Portugal, obra importante da arte teatral. Em meados do século XIX, o escritor alemão Gustav Freytag estabeleceu um modelo de narrativa em cinco atos, no livro *Die Technik der Dramatik* (A Técnica do Drama, em tradução livre), estrutura que muitos escritores passaram a usar. As ideias de Freytag serviram como base para manuais de roteiro no século XX. Você vai conhecer a Pirâmide de Freytag no capítulo **Estruturas** deste livro.

Se analisarmos as reportagens jornalísticas a partir da definição filosófica de dramaturgia, ou seja como representação de ações e conflitos que acontecem no dia a dia, nós jornalistas

organizamos acontecimentos sobre pessoas
que vivem situações problemáticas,

em forma de narrativa coerente,
com clareza para criar o entendimento
e provocar a emoção.

Portanto, trabalhamos com a dramaturgia aristotélica no noticiário cotidiano.

Na origem do teatro, os gregos associavam a arte à imitação. *Mimesis* em grego significa imitação. Como explica Adriane da Silva Duarte, professora de literatura grega da Universidade de São Paulo, na Grécia antiga, mimesis era usado como sinônimo de representar: o ator interpreta ideias, pensamentos e ações por meio de gestos e falas realizando a imitação da realidade, a mimesis.

Aristóteles identifica a tragédia *como imitação de realidades dolorosas* e todas as cenas, também o desfecho trágico, são mimesis. Em vários aspectos, ele considera a tragédia, diante da comédia e epopeia, um gênero superior:

- a tragédia e a epopeia são semelhantes em relação à imitação (mimesis) porque fazem a representação de seres moralmente superiores, nobres. Mas a comédia se diferencia pela imitação de seres moralmente inferiores;

- a epopeia e a tragédia coincidem no fato de ambas expressarem assuntos sérios, mas em formato diferenciado. A comédia trata de assuntos do cotidiano, usos e costumes e sátiras aos governantes;

- a epopeia, exibe um fato que já aconteceu e é contado por um narrador. Na tragédia, os personagens agem por si, exprimem seus desejos em falas próprias;
- a tragédia, por sua força e enredo, é capaz de fazer o público viver intensamente as emoções representadas por personagens que interpretam o tema em versos e cantos.

E aí, chegamos à importante definição de catarse — a liberação de tensões e emoções, a experiência de purificação do espírito, como um transe, com explosões de choro, riso, euforia a partir da encenação. Diz o filósofo:

> *Desde que se possa apreender o conjunto, o limite de uma tragédia é o que permite que nas ações, uma após outra sucedidas conformemente à verossimilhança e à necessidade, se dê o transe da infelicidade à felicidade ou da felicidade à infelicidade.*

A palavra catarse deriva do grego *kátharsis* que significa purificação, limpeza e, como um dos pilares da dramaturgia, é imprescindível para a finalidade da tragédia, diz Aristóteles. Ao ver o personagem sofrer por desobedecer a lei dos homens ou dos deuses, o espectador participa daquele momento e se livra de seu próprio desejo de transgredir, pois terá medo de viver o fim (trágico) igual ao do personagem que vê em cena.

As características da catarse são a emoção intensa, a liberação de emoções reprimidas ou acumuladas, o sentimento de alívio, a empatia com o personagem ou com situações, a reflexão sobre aspectos da vida. A catarse — no sentido de emocionar — se encontra em obras de arte, livros, filmes, seriados; toda e qualquer expressão artística que mobiliza sentimentos. Sem contar, claro, as situações da vida.

Sendo a catarse — ou a emoção — um dos propósitos da dramaturgia, é um dos objetivos que nós comunicadores devemos buscar na criação das narrativas que publicamos. Se queremos trazer engajamento, precisamos nos conectar com as pessoas no *link dos sentimentos*.

Pode não ser uma novidade para você, usar da emoção em seus conteúdos digitais ou não, mas importante pontuar aqui que, ao construir uma publicação na internet para emocionar e mobilizar pessoas por meio de sentimentos, estamos pensando exatamente como Aristóteles definiu que deve ser feito.

A narrativa

Aristóteles, nos tempos da Grécia Antiga, observando a encenação do teatro grego, principalmente as tragédias, já explicava como uma narrativa deve ser composta para dar resultado em relação ao entendimento do público. Ele descreveu:

> *A narrativa é a imitação da ação uma vez que uso o termo narrativa para designar a construção dos atos. Na narrativa, enquanto ela é uma imitação de uma ação, interessa que a imitação seja una e integral e que as partes sejam estruturadas de tal maneira que, se uma ou outra delas for deslocada ou removida, o todo será modificado e abalado.*

Em outras palavras: a boa narrativa tem uma trama central, que ele chama de *una e integral*, e outras ações que devem estar claramente interligadas de forma coesa, sem desestabilizar a integridade do todo, e pertencem a uma estrutura (construção dos atos). Esse princípio aristotélico — ação una e integral — é o que se denomina hoje de *unidade de ação*. Um dos fundamentos para o entendimento da história.

Naqueles tempos, Aristóteles já se preocupava em demonstrar

que somente uma narrativa clara, objetiva e consistente prende a atenção e conquista o reconhecimento do público. A mesma preocupação que temos atualmente nas estratégias das mídias sociais. Não é interessante perceber como essa preocupação se relaciona entre os distantes séculos?

Sobre as partes (elementos) para a estruturação dos fatos na história (o todo), Aristóteles propõe:

> *Um todo é aquilo que possui começo, meio e fim.*
> *Um começo é aquilo que não se segue necessariamente a alguma outra coisa, mas a partir do qual naturalmente outra coisa se produz.*
> *Um fim é o oposto, ou seja, aquilo que se produz naturalmente quer de maneira necessária, quer de maneira usual, depois de uma outra coisa, mas que não é seguido pela ocorrência de coisa alguma.*
> *O meio é aquilo que tanto se segue a uma outra coisa quanto é seguido por uma outra coisa.*

A dialética aristotélica funciona assim:

- **Começo:** dá a partida aos fatos e portanto não é sequência de algo e sim a causa de tudo que virá pela frente. Tem que segurar o público para que ele se envolva no passo seguinte.

- **Meio:** só dá certo se se desenvolver depois de uma boa partida (a causa) já que ele é consequência (efeito) do começo. É o momento da ação se realizar.
  O meio é também causa porque a partir do que ali se desenvolve há uma consequência.
- **Fim:** é a consequência do meio, e também pode ser a elucidação do começo, a causa de toda a sequência de fatos. É o fechamento do enredo.

Aristóteles introduz também um conceito primordial de qualquer narrativa que segue o princípio de *começo, meio* e *fim*. Ele apresenta *a relação de causalidade*.

A causalidade estabelece a sequência dos acontecimentos: a causa e o efeito entre dois ou mais fatos que por isso, por serem causa e efeito, se encadeiam para não se dispersarem e tornarem a história acessível, compreensível.

> *Cada fato da história tem uma motivação (causa), nunca é gratuito e sua ocorrência desencadeia inevitavelmente novos fatos (consequência). A verossimilhança é verificável na relação causal do enredo, isto é, cada fato tem uma causa que desencadeia uma consequência.*
>
> Cândida Vilares Gancho - Como Analisar Narrativas (2002)

Ao seguirmos esse princípio, temos que mostrar numa história contada em um *videoclipe*, por exemplo, que ela se constitui necessariamente de causa e efeito, ou seja, existe uma sequência entre os acontecimentos mesmo que a ordem não seja temporal, ou cronológica. E nenhum elemento da história deve ser incluído gratuitamente.

Penso que esse conceito é muito necessário nas narrativas digitais atuais.

Um vídeo produzido por impulso, com sequências de imagens desencadeadas, não leva à informação que se deseja. Se você reconhecer nele a relação causa e efeito, como propõe Aristóteles, ele, com certeza, será mais acessível para o entendimento das pessoas.

E para uma narrativa ter ritmo, Aristóteles acrescenta a *peripécia*. A peripécia é a reviravolta, a inversão dos fatos na sequência dos acontecimentos da história.

Algo inesperado que ocorre repentinamente de forma contrária ao que se imaginava provocando um novo rumo na narrativa. Segundo a definição em *Poética*:

> *Peripécia é uma viravolta das ações em sentido contrário, como ficou dito; e isso, repetimos, segundo a verossimilhança ou necessidade.*
> *É a mudança do desconhecimento ao conhecimento, ou*

à amizade, ou ao ódio, das pessoas marcadas para a ventura ou desdita.

Aristóteles diz que a reviravolta deve ser coerente, verdadeira e necessária. A peripécia é o elemento que na narrativa moderna chamamos de *ponto de virada*: o que faz a ação andar.

Nos capítulos a seguir, **Três Atos** e **Estruturas**, em que detalho as estruturas da narrativa moderna, você encontrará o conceito de ponto de virada e de outros elementos fundamentais.

Para compor a encenação da tragédia, Aristóteles estabelece, além da unidade de ação, os conceitos de unidade de tempo e lugar.

- **Unidade de ação:** todas as cenas devem convergir para a trama central. Todos os acontecimentos devem se encadear para a sequência ter *começo*, *meio* e *fim*.

- **Unidade de Tempo:** o tempo ficcional ideal é o que acontece em um período completo do sol (24 horas), tamanho considerado nem muito curto e nem muito longo.

- **Unidade de Lugar:** o lugar ideal deve ser um cenário único (o espaço visto pelos espectadores).

Além dos componentes a serem usados como elementos básicos, a *Poética* traz a classificação da tragédia quanto à sua extensão (tamanho) e à sua divisão (partes). Essas denominações estão na origem da arte teatral desde o Período Clássico da Grécia Antiga, no tempo de apogeu artístico e intelectual da civilização grega. Direto da *Poética*:

> *Quanto às partes distintas em que ela se divide, são as seguintes: prólogo, episódio, êxodo e canto do coro, esta última se subdividindo em* párodos e stasimon.
> *Prólogo é a parte completa da tragédia que antecede a entrada do coro; episódio é a parte integral da tragédia entre dois corais; êxodo é uma parte completa, que sucede ao último canto do coro e à qual não sucede outro canto do coro.*
> *Dos cantos do coro,* párodos *é o primeiro canto, em movimento, enquanto o coral entra no espaço cênico.* Stasimon *é o segundo momento do coro, sem movimentação..*

Funciona assim:

- **Prólogo:** as cenas que preparam o público para a ação que virá, estabelecendo o tempo e o lugar da situação, e apresentando os personagens.

- **Párodo:** o momento da entrada dos atores que fazem o primeiro canto, que pode ser declamado ou cantado.
- **Episódio:** o meio da história e portanto quando os atores têm mais ação.
- **Stasimon:** o momento do segundo cântico do coro.
- **Êxodo:** as cenas do final da encenação.

Vamos resumir o que acabamos de conhecer:

> Uma história tem começo, meio e fim com acontecimentos relacionados em causa e efeito, de forma integral e única, com as partes encadeadas e coesas para não desestruturar o todo, mesmo que haja peripécias (ou reviravoltas), importante elemento para a narrativa caminhar e alcançar o propósito da catarse, a liberação de emoções reprimidas, e assim se conectar com o público, que se mobiliza (engaja) ao receber aquela história.

A *Poética* do século IV a.C. pode ser o seu hiperlink para construção de narrativas digitais que conectam pessoas em todo o mundo no espaço virtual das redes. A *Poética* não é contemporânea do nosso tempo físico, mas é moderna na essência. As definições de Aristóteles de milênios parecem ultrapassadas. Não são. Se elas estão vivas até hoje, é porque contêm o que mais precisamos, *o eixo da história.*

Quando surgir a pergunta

> *que história quero contar que não seja a óbvia, aquela que todo mundo está contando?*

você encontra no filósofo grego Aristóteles a base sólida já constituída. Depois, basta voar com sua liberdade criativa.

Concluindo

A *Poética* ainda é estudada por pesquisadores, em inúmeras disciplinas principalmente dramaturgia, literatura, crítica, teoria literária e filosofia. A teoria aristotélica tem tudo a ver com as estratégias de produção de conteúdo para a internet quando buscamos excelência em informação, engajamento e compartilhamento.

Recebemos essa herança de um pensador que, ao questionar sobre o que observava no cotidiano, ordenou o caos para o futuro.

Questionar e sistematizar os gêneros literários de forma inédita naqueles tempos, como fez Aristóteles, é mais uma demonstração do quanto é necessário se refletir na criação de uma obra. O nosso entendimento do todo se torna mais rico ao buscarmos o significado mais profundo dele.

Não há dúvida: os tratados de Aristóteles, frutos da sua vivência, são fundamentais na lida do mundo digital do século XXI.

---

1. No sites Portal Graecia Antiqua e Vatican Library Digital Collection, você pode pesquisar e conhecer mais detalhes sobre *Poética*. RIBEIRO JR., Wilson A. Aristóteles / Poética. Portal Graecia Antiqua, 2007. Disponível em: https://greciantiga.org/arquivo.asp?num=0589. MANUSCRIPT — Vat.gr.1904.pt.2. DVL DigiVatLib. Disponível em: https://digi.vatlib.it/mss/detail/Vat.gr.1904.pt.2.

2. Minha pesquisa sobre *Poética* tem por base principal a tradução com notas, de Edson Bini, publicada em 2011. Formado em filosofia pela Faculdade de Filosofia, Letras e Ciências Humanas da USP, o professor Edson Bini é, há mais de 40 anos, tradutor de obras de filosofia.

8. Os Três Atos

No jornalismo audiovisual, transformamos a notícia em narrativa. Ao selecionar, organizar, relacionar, hierarquizar informações, *offs*, passagem de repórter, imagens captadas, imagens de arquivo, entrevistas com as pessoas envolvidas no assunto, artes, *letterings*, trilhas sonoras, imagem de abertura e outros elementos, criamos um relato combinando técnicas de dramaturgia e de jornalismo para envolver e mobilizar o público.

No jornalismo de TV, quando você tem a reportagem bruta, o material captado na rua, você tem a história. Quando a edita, a partir de um ponto de vista, você a transforma num relato, ou seja, a história é contada a partir de um ponto de vista, do repórter ou de uma personagem. Então, você cria a narrativa. O relato da história é a narrativa. E uma mesma história pode ter diferentes narrativas, pois pode ser contada por vários pontos de vista.

História e narrativa não são sinônimos. História é a sequência dos acontecimentos. Narrativa é a forma de contar a história, como os acontecimentos são relatados.

A narrativa é um relato estruturado em que acontecimentos da história são selecionados, organizados e hierarquizados (alguns acontecimentos ficam de fora, outros são enfatizados) no tempo e espaço com elementos que formam o arco dramático.

Para perceber melhor a diferença entre história e narrativa, veja:

- cada vez que você decide começar o relato da sua história com um fato diferente, você passa a construir uma nova narrativa;
- se eu e você formos contar a mesma história para um grupo de amigos, com certeza, o relato será diferente. Teremos a sua narrativa da história e a minha narrativa da história.
- os pontos de vista da história pertencem ao narrador. A forma que se decide contar a história é uma decisão de quem a conta.

Ao construir uma narrativa, você organiza as partes da história para se relacionarem de forma orgânica e gerarem atenção, relevância, cumplicidade, compreensão, identificação, satisfação, prazer e motivação a quem ela se destina.

As nossas histórias — como jornalistas e produtores de conteúdo — são reais, e ao transformá-las em narrativa, as mensagens serão mais bem acolhidas pelo receptor e, mais do que isso, se tornarão histórias marcantes na memória do público. Posto isso, vamos partir para entender a base para construir uma narrativa ou contar uma história.

Em qualquer formato, literário ou audiovisual, você precisa de algo que, em todos os tempos, nas mais variadas culturas, em maior ou menor grau, todas as histórias possuem. Uma estrutura.

Figura 3: Estrutura da história.

PRÓLOGO	EPISÓDIO	ÊXODO
Começo	Meio	Fim
Apresentação	Desenvolvimento	Resolução
Ato I	Ato II	Ato III

Fonte: elaborado pela autora (2025).

A estrutura — fórmula, formato ou modelo, mudam os nomes, mas os conceitos são semelhantes — promove a organização dos acontecimentos e o relacionamento das partes com o todo. A forma como os eventos da narrativa são apresentados para criar um fluxo coerente, envolvente e emocional da história. O esqueleto que sustenta a história.

> *Structura* em latim significa construir ou organizar.
> E também podemos interpretar como base,
> alicerce, coluna vertebral.
> Aquilo que sustenta, e permite as partes se
> relacionarem entre si e com o todo.

Existem muitos modelos de estrutura, alguns mais simples, outros mais complexos. Alguns com regras coincidentes, outros com perspectivas diferentes. Em princípio, se respaldam no que Aristóteles definiu como *prólogo*, *episódio* e *êxodo*. Ou seja:

- começo, meio e fim;
- apresentação, confrontação, resolução;
- ato I, ato II e ato III.

Você pode usar a estrutura como quiser, pois é dessa versatilidade que surge a originalidade, o estilo, a individualidade com o objetivo de *enganchar* o público.

Estrutura de Três Atos

É uma ferramenta. Uma das muitas abordagens possíveis para contar histórias.

Um guia para ser ajustado conforme as necessidades. Cada autor tem liberdade para adaptar e personalizar de acordo com sua própria visão.

A Estrutura de Três Atos foi sistematizada pelo roteirista Syd Field no livro *Manual do Roteiro*, em 1979. Field trabalhava na empresa Cinemobile Systems como consultor de roteiros. Após analisar mais de 2 mil roteiros, percebeu existirem elementos padrões em todos os que considerou os melhores e que havia decidido indicar para produção.

Essa percepção o levou a escrever o *Manual do Roteiro*, em que mostra, em linguagem simples e acessível, os elementos que considera necessários para a construção da estrutura em um roteiro de sucesso para o cinema comercial.

Ele organizou, classificou e definiu os elementos no "Paradigma de Três Atos", o seu modelo de estrutura. Além de estabelecer a extensão de um roteiro — em número de páginas — e o tempo ideal para cada ato, ele demonstra que um filme com *apresentação*, *confrontação* e *resolução* e pontos de virada em momentos específicos mantém a audiência conectada.

Field também define o *plot point* — o ponto de virada. O momento da ação que muda os rumos da história dando dinamismo para a narrativa. Um dos fatores que segura o público, como já dizia o grego Aristóteles quando definiu peripécia. Em *Poética*, ele diz que a peripécia mantém a ação em movimento para

> *alcançar o fim que se propõe, a emoção trágica e os sentimentos da humanidade.*

Para o cinema comercial, filmes de longa-metragem, Field sugere uma proporção para cada ato, pois assim, segundo ele, o ritmo será adequado à atenção da audiência.

- primeiro ato: 25% da história;
- segundo ato: 50% da história;
- terceiro ato: 25% da história.

Muitos roteiristas passaram a escrever com base no paradigma de Field. Outros, o desprezaram por considerarem um formato inflexível e limitado.

Escrever roteiro é um processo que muda constantemente e quem escreve precisa estar aberto ao que é preciso reestruturar, sem se apegar.

Syd Field (1935–2013) – Manual do Roteiro (1979)

Nada impede que autores, escritores e roteiristas desenvolvam variações estruturais em suas obras de cinema, teatro, romance. Como um número diferente de atos, muda também o detalhamento das fases, os elementos e os passos da jornada narrativa.

Os cinco atos mais famosos

William Shakespeare (1564–1616), um dos mais importantes dramaturgos e escritores de todos os tempos, escreveu a primeira peça aos 25 anos e até morrer, aos 52, escreveu mais de trinta obras entre comédias, tragédias e dramas históricos, além de centenas de sonetos e poemas.
Seus textos, com mais de quatrocentos anos, ainda são os maiores clássicos do teatro, influenciando a produção teatral e literária que viria depois dele

até hoje.

O teatro de Shakespeare — por exemplo, Hamlet, A Megera Domada, Romeu e Julieta, Ricardo III — tem uma estrutura que se diferencia dos princípios de Aristóteles.

Shakespeare escrevia seus textos em cinco atos. Cada um dos atos tem o propósito narrativo próprio e há tensão ao longo de toda a encenação, do começo ao fim. Quase em todas as suas obras, a história se divide em:

1. exposição;
2. ação ascendente;
3. clímax;
4. ação descendente;
5. desenlace.

Decupando os Atos

A estrutura clássica e seus principais elementos.

Figura 4: Ato I — começo, apresentação.

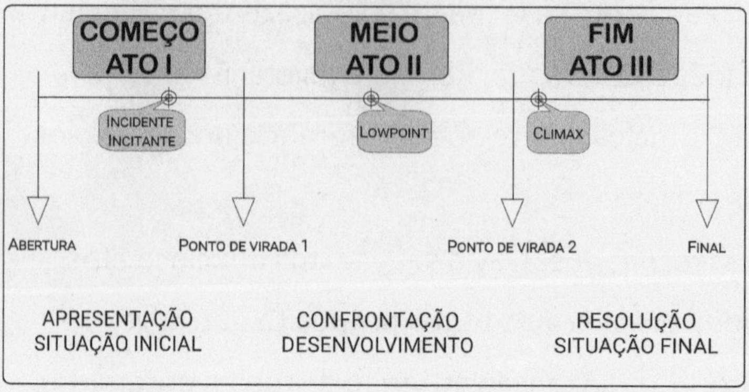

Fonte: elaborado pela autora (2025).

ATO I: COMEÇO – APRESENTAÇÃO

- **Função:** estabelecer o mundo/universo da história e dos personagens principais, além de introduz o conflito.

- **Abertura:** mostra a situação inicial da história. Dá o tom, o ritmo, o estilo. A largada.
  Importantíssima, pois é o momento nobre de fazer o público entender em que contexto acontece a história para ser seduzido a acompanhar o que vem à frente.

- **Incidente incitante:** momento que dá início à trama e muda a vida do protagonista.
  Impulsiona a narrativa. O termo é claro, incitar. Colocar algo em movimento, estimular.
  É usado para *chacoalhar a situação inicial*. E, surpreender

o público.

- **Ponto de virada 1:** o fechamento do Ato I e a motivação para o Ato II.
  Conhecido também como *plot point* ou gancho, muda os rumos da história como se ela estivesse seguindo um caminho e de repente, *pow*! Vai para outro lugar!
  O conflito, ou o desafio, se apresenta para o protagonista. Ninguém sabe mais o que virá a seguir, qual caminho que a história vai tomar.
  É o momento em que nos prendemos irreversivelmente à narrativa. *Preciso continuar a assistir a esse filme, ler esse livro...*

Enfim, a Apresentação vai responder a questões básicas para situar o público:

- Onde a história acontece?
- Quando ela acontece?
- Com quem a história acontece?
- Sobre o que é a história?
- Qual o contexto da ação principal?

- Como a história é narrada?

Figura 5: Ato II — meio, confrontação.

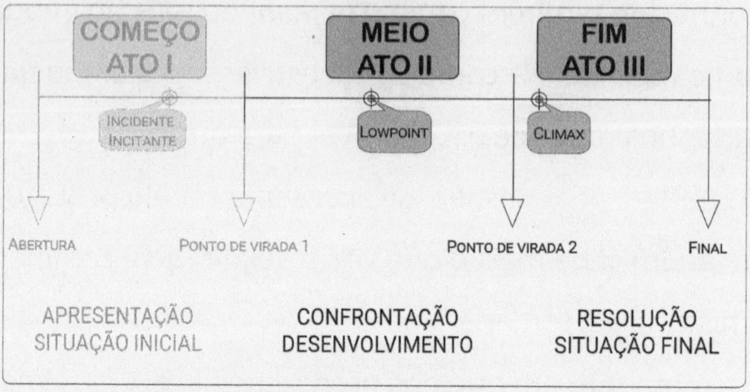

Fonte: elaborado pela autora (2025).

ATO II: MEIO — CONFRONTAÇÃO

- **Função:** desenrolar a trama principal ao aumentar o conflito e criar mais tensão. Os sub enredos aparecem nessa fase para dar maior dramaticidade à história.
- **Desenvolvimento:** é a parte mais extensa, o coração da história, quando a ação se intensifica e se concretiza. Obstáculos e desafios para o protagonista ser testado e mostrar se sua determinação em resolver a situação está firme.
- **Low point** (ou mid point)**:** geralmente acontece no meio

do Ato II. É um momento crucial, parece que *tudo está perdido*.

Depois de tentativas para resolver o problema, o protagonista está sem forças.

A intensidade, a tensão, as dúvidas crescem.

- **Ponto de virada 2:** a reviravolta do final do Ato II.

  Importantíssimo, porque empurra a história para o clímax no Ato III. É algo novo e inesperado que muda tudo.

  Momento intenso, emoção à flor da pele.

  O protagonista vê uma luz no fim do túnel e parte para o Ato III.

  É mais uma vez o *plot point* atuando para nos agarrarmos à história!

Figura 6: Ato III — fim, resolução.

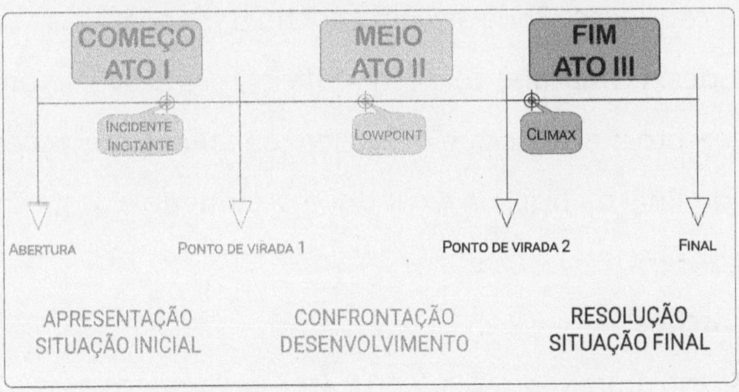

Fonte: elaborado pela autora (2025).

ATO III: FIM — RESOLUÇÃO

- **Função:** resolve o conflito, estabelece a situação final e encerra a história.

- **Clímax:** o momento culminante e mais emocionante. É o confronto final quando o protagonista enfrenta o desafio para resolver de vez a questão, da forma que for. Tensão máxima, porque o destino do protagonista é definido.

- **Final:** a conclusão, o desfecho, o desenlace — a solução do conflito principal e todos os outros sub conflitos. Mostra as consequências da jornada do protagonista, é que a situação inicial mudou totalmente, há uma nova situação.

Open ending: em algumas histórias, há uma cena a mais, depois da resolução. Pode ser um gancho para possíveis continuações. O final aberto é um artifício para provocar um estranhamento, permitir que o público tenha interpretações variadas do final da história e continue discutindo o assunto.

Observações:

- Há estruturas com 3, 4, 5 ou 8 atos, ou quantos atos o autor achar necessário.

- Há roteiros com 12 pontos de virada, se o ritmo for favorável ao propósito da narrativa. O último ponto de virada deve desencadear no final.
- Há quatro momentos determinantes na estrutura de Três Atos: o incidente incitante, o ponto de virada 1, o ponto de virada 2 e o clímax.
- Se o Ato I é responsável por enganchar o público, o Ato II é responsável por manter a aderência até o desfecho para o Ato III. Se assim acontecer, é porque todas as partes foram amarradas.
- A estrutura pode ou não se desenvolver em ordem cronológica.

Um exemplo:

- **Enredo:** uma jovem, Maria, precisa salvar a pequena livraria da família, prestes a fechar.
- Estrutura:
    - **Começo:** apresentação de Maria e da livraria, que não consegue mais se manter aberta por causa de dificuldades financeiras.

- **Meio:** breve histórico da livraria e da família de livreiros. Os problemas que enfrentam desde alguns anos, competindo com livrarias maiores, internet, diminuição de interesse por livros físicos, queda no faturamento. Maria descobre, no meio da papelada, uma carta de um amigo do avô, que o ajudou no começo de tudo. Ninguém da família sabia. Era um segredo entre os velhos amigos.

- **Fim:** Maria procura o neto do amigo do avô, um empresário de sucesso no setor de educação. É um encontro emocionante. Eles leem a carta juntos. O empresário decide ajudar Maria. Vai investir para a livraria se atualizar, ter salas com notebooks para pesquisa, fazer promoções com livros infantis e contadores de história. A livraria será revitalizada. Se tornará um polo de conhecimento!

Exercitando 1:

Lembre uma situação que aconteceu recentemente com você. Agora, pense: como fazer o relato (contar) dessa situação para seus amigos, usando a estrutura de Três Atos e seus elementos que decupamos anteriormente?

- Começo: quer começar com uma frase de impacto? Seu

relato será no tempo cronológico? Onde você estava? Com quem? E por quê?

- Meio: o que aconteceu com você foi inesperado? Te atrapalhou? Ajudou? Foi bom ou não? Alguém te ajudou? Esteve ao seu lado?
- Fim: e como se resolveu? Como foi o final? Te deixou alguma lição?

Você perceberá que seu raciocínio criará caminhos, uma lógica, que pode ajudá-lo até mesmo a apresentar uma questão numa reunião de trabalho!

Exercitando 2:

Procure identificar nas obras (filmes, livros, seriados, videoclipes, desenhos) os Atos, o Incidente Incitante, os Pontos de Virada, o Clímax. Passe a fazer isso com frequência para sentir as diferenças entre os gêneros literário e cinematográfico. Naturalmente você vai desenvolver mecanismos de atenção que o deixarão mais alerta para criar narrativas diferenciadas.

Concluindo

Uma estrutura é tão somente uma estrutura, um modelo, um esquema conceitual. Aposto que conhecer e saber usar estruturas não limita a criatividade. Ao contrário. A estrutura é ponto de partida. O que sua imaginação, sua versatilidade, sua competência e sua habilidade — como jornalista, produtor de conteúdo ou comunicador — desenvolverem é o que vai tornar a narrativa digital (ou analógica) atraente, envolvente, e, principalmente, singular, com identidade própria, a sua identidade.

O bacana desse processo? É o seu olhar pessoal para contar a sua história.

Lembre-se:

Quando você estiver diante de uma pauta, ou de um conteúdo patrocinado, se pergunte:

como tornar esse assunto relevante para quem vai ouvir/ver/ler essa história?

Se preocupe com quem vai receber a mensagem.

Provoque dúvidas em você.

Questionamentos rendem boas ideias.

(Já dizia Aristóteles.)

9. Estruturas

#narrativa

Eu tento manter o mistério para que o público se envolva na história e não apenas observe passivamente. Quando você não dá todas as respostas, o público começa a montar as peças, e isso torna a experiência mais interessante.

Christopher Nolan (cineasta) – The New York Times (2023)

A cerimônia do Oscar de 2024 consagrou o cineasta, diretor e roteirista Christopher Nolan. *Oppenheimer*, o filme sobre o criador da bomba atômica, ganhou sete estatuetas. As mais importantes: Melhor Filme e Melhor Diretor, inclusive. Já muito reconhecido com a trilogia *Batman*, o britânico Nolan, inserido na prática da indústria de cinema comercial norte-americana, se tornou um diretor identificado em criar seu universo próprio no modo de fazer e contar histórias. Há, em seus filmes, estilo pessoal e inovador que, independentemente de críticas, conquista grande popularidade.

Em 2000, o primeiro filme que fez nos Estados Unidos, *Amnésia*, foi sobre um homem que sofre uma perda de memória irreversível. O enredo tem suspense, tensão, mistério e uma estrutura fragmentada. A história é contada de trás para a frente, intercala o passado e o presente, produz um tipo de quebra-cabeça que provoca dificuldades à compreensão do todo. Entretanto, mesmo *Amnésia* contrariando modelos de narrativa que garantem sucesso e alcance do público, Nolan recebeu duas indicações ao Oscar, uma delas de Melhor Roteiro Original!

Estruturas fragmentadas fazem parte do universo das narrativas. Mas, normalmente, quando contamos uma história, um caso, em bate-papo com amigos, criamos em nossas mentes, de forma natural, uma linha lógica de pensamento para dar à história organização e certa dramaticidade. Nosso objetivo é manter os amigos atentos, até o final do caso. Como diz Nolan, quem conta a história precisa manter o suspense.

Além do formato clássico de estrutura, há outros modelos para a criação de narrativas. Modelos que são usados principalmente em histórias ficcionais. Mas não são limitadores, porque permitem construir histórias com amplitude e liberdade.

A ideia aqui é pensar como os elementos das variadas estruturas podem ser úteis na produção digital do dia a dia. A ideia é acrescentar aos videoclipes ou posts para as redes e sites algum toque teórico que se traduza em ritmo, atração, mobilização, conexão. Enfim, experimentar, diversificar o tipo de produção que vem realizando. Não precisa ser radical, mas pode ser sensato.

Princípios McKee

Não existem regras. Existem princípios, explica o *script doctor* Robert McKee.

Seus ensinamentos são resultados da análise de mais de cem filmes no livro *Story: substância, estrutura, estilo e os princípios da escrita de roteiro*, em que ele disseca detalhadamente roteiros cinematográficos e cria seus princípios para substância, estrutura e estilo.

No volume de quase quinhentas páginas, avalia além dos padrões clássicos. Identifica os elementos que diferem histórias de qualidade das outras e desmistifica a necessidade da estrutura padrão. Enfatiza que cada gênero requer uma estrutura. Destaca o quanto é importante a condução da narrativa pelo personagem. Diz:

Estrutura é uma seleção de eventos da história da vida dos personagens, composta em uma sequência estratégica para estimular emoções específicas e para expressar um ponto de vista específico.

Entre formatos, teorias, estilos, princípios e estruturas, McKee defende que uma história tem cinco partes. Em um post, que publicou na rede X (antigo Twitter) em 7 de outubro de 2017[1], ele definiu:

Uma história é um desenho em cinco partes: o Incidente Incitante, Complicações Progressivas, Crise, Clímax + Resolução.

Figura 7: modelo Enredo Central

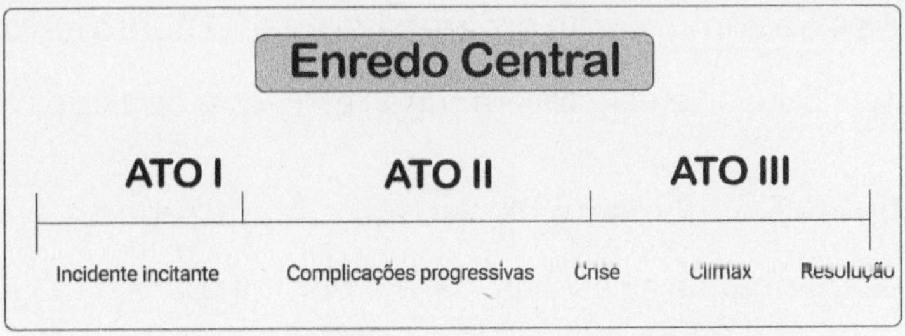

Fonte: elaborado pela autora (2025).

O modelo de McKee se chama *Central Plot* (Enredo Central): é uma linha do tempo linear com os Três Atos modificados tanto em elementos como em extensão. Ele sugere a partida da história com o Incidente Incitante, antes mesmo do contexto ou situação inicial. Daí, prossegue com o que denomina Complicações Progressivas, que tomam a maior parte da narrativa. E termina com Crise, Clímax e Resolução praticamente como três momentos bem seguidos, um atrás do outro.

Funciona assim:

- **Incidente Incitante** é a causa primária de tudo, e coloca os outros quatro elementos em movimento. É o início do filme.

- **Complicações Progressivas** é a parte dos obstáculos, que se avolumam e crescem, e que precisa ser percorrida para resolver a questão maior criada pelo Incidente Incitante.

- **Crise** é a complicação progressiva final. O ponto em que as alternativas se esgotaram para resolver a questão.

- **Clímax** é o momento de decisão em que tudo se encaminha para resolver para o bem ou para o mal. Há vitórias, derrotas, tristezas, alegria, surpresas.

- **Resolução** é o que segue o clímax. Tudo se assenta e surgem as consequências.

As cinco partes descritas por McKee podem ser usadas em qualquer conteúdo que se queira produzir para a internet, em vídeo ou em texto e também, por exemplo, para uma apresentação em reunião de trabalho com a equipe. Nós trabalhamos com a realidade — informação e/ou notícia — e não com o ficcional, mas podemos criar ganchos de interesse em nossas narrativas digitais com as complicações progressivas em um short video ou em um post na rede social ou num blog.

A Fórmula Pixar

> *Você pode conquistar seu valor se apenas sentar-se e começar a escrever uma história do jeito que quiser. Mas para mim, é importante estruturar a sua história.*
> *Como quando você faz um discurso. Você diz ao público o que vai dizer a eles. Depois então, você conta para eles.*
> *E então você finaliza e lembra a eles do que acabaram de ouvir.*
> *Quando você está apenas começando uma história, pode parecer assustador descobrir como tudo vai se encaixar, ou como uma história deve fluir.*

Então é útil ter a estrutura, uma maneira simples para pensar sobre isso.

Pete Docter (diretor de criação) – Pixar Animation Studios

Para Pete Docter a estrutura é útil, inclusive nos grandes sucessos que dirigiu. Ele recebeu quatro estatuetas do Oscar na categoria de Melhor Filme de Animação: *Up*, *Divertida Mente* e *Soul*.

Toy Story, o primeiro longa-metragem totalmente animado por computador, foi lançado pela Pixar em 1995. Levou quase cinco anos para ficar pronto e fez a maior bilheteria daquele ano. Recebeu três indicações ao Oscar para Roteiro Original, Trilha Sonora Original e Canção Original. A primeira vez que um filme de animação foi indicado para melhor roteiro! Daí em diante, os filmes de animação cresceram em popularidade, assim como a Pixar.

Em 2011, uma ex-funcionária da Pixar, Emma Coats, twittou algumas regras que tinha aprendido com os colegas das equipes de criação da Pixar. Tempo depois, uma lista contendo essas regras começou a circular na internet com o título “As 22 regras da Pixar sobre Storytelling”. Imagina o que isso não causou. Entretanto, foi a regra número 4 que provocou a maior sensação e ficou mais famosa. Tão famosa, a ponto de se descolar da lista das 22 e passar a existir por conta própria. Conhecida como "The Story Spine", coluna vertebral da história, a regra 4 se consolidou como a "Fórmula Pixar".

The Story Spine chegou aos Studios Pixar pelas mãos de Rebecca Stockley, contratada como consultora de comunicação.

Em 1997, Rebecca aplicou exercícios de dramaturgia do curso de teatro de Kenn Adams[2], diretor artístico do Synergy Theater, em São Francisco, em grupos formados por membros das equipes de criação da Pixar[3]. Um dos exercícios era bastante provocativo.

Estimulava a criação de uma história com base no improviso. Rebecca mostrava oito frases escritas pela metade e os alunos tinham que completar as frases construindo uma narrativa sem perder o fio da meada da história.

"The Story Spine" é uma conhecida prática de improvisação adotada em muitas escolas de teatro para estimular a criatividade.

Fato é que, depois que os exercícios foram

realizados nos grupos de estudo de Rebecca, os desenhistas e roteiristas das equipes de criação da Pixar se entusiasmaram. Começaram a incluir a metodologia na criação da estrutura de histórias para os filmes de animação em que estavam trabalhando. E deu certo.
Virou a "Fórmula Pixar".

The Story Spine / A coluna vertebral da história

1. Once upon a time there was ...	1. Era uma vez...
2. Every day, ...	2. Todo dia...
3. One day ...	3. Até que um dia...
4. Because of that, ...	4. Por causa disso...
5. Because of that, ...	5. Por causa disso...
6. Because of that,...	6. Por causa disso...
7. Until finally ...	7. Até que finalmente...
8. And, ever since then ...	8. E desde então...
And the moral of the history is______	E a moral da história é...

São oito frases, em sequência, formando a coluna vertebral da história. O eixo. Ao completar cada frase, na ordem em que elas estão, você cria a história com começo, meio e fim e, o mais importante, não perde o foco. Depois, com base na história criada, pode fazer todas as possíveis variações que quiser.

Atenção: a coluna vertebral da história é a *coluna vertebral da história*. Não é a história!

Funciona assim:

- Era uma vez: a situação inicial, contexto, personagens, tempo e espaço.
- Todo dia: o que acontece na rotina da situação inicial.
- Até que um dia: surge um problema que muda a situação inicial.
- Por causa disso: algo a mais acontece, e a situação se torna mais complicada.
- Por causa disso: mais alguma coisa acontece, e dificulta tudo.
- Por causa disso: a terceira consequência do problema piora a situação.
- Até que finalmente: surge a luz! A solução do problema.
- E desde então: tudo volta ao normal, na verdade, ao novo normal.
- E a moral da história é: a mensagem final.

Em 2003, o mundo se emocionou com uma obra-prima do cinema de animação. A história de um pai (um peixe) e de seu filho (um peixinho) que havia sumido. *Procurando Nemo*! No Oscar de 2004, *Procurando Nemo* ganhou o prêmio de Melhor Filme de Animação, tornando-se o primeiro filme da Pixar a vencer nessa categoria do Oscar.

Procurando Nemo + Fórmula Pixar

(Adaptação livre)

- Era uma vez: um peixe chamando Marlin, que amava seu filho Nemo mais que tudo.
- Todo dia: Marlin tentava proteger Nemo do oceano, que ele temia.
- Até que um dia: Nemo foi levado por um mergulhador.
- Por causa disso: Marlin teve de deixar a segurança de seu lar nos recifes para encontrar seu filho.
- Por causa disso: Marlin teve de enfrentar tubarões, águas-vivas e outros perigos.
- Por causa disso: Marlin teve de ter muita fé.
- Até que finalmente: ele aprendeu a deixar seus medos de

lado e acreditar que Nemo tinha o que era necessário para libertar Dory na rede de pesca.

- E desde então: Marlin deu ao seu filho, Nemo, o espaço necessário para que ele aprendesse por conta própria.
- A moral da história é: os pais precisam aprender a deixar seus filhos agirem sozinhos para que eles possam crescer.

Adaptar a Fórmula Pixar a um *short video* para a internet pode ser um desafio à parte. Mas entendo que a lição aqui é sentir como as ações de um personagem precisam estar consolidadas com suas informações bem encadeadas. Quanto mais perguntas você responder sobre as ações do personagem, enquanto estiver pensando num roteiro, provavelmente melhor consistência seu vídeo vai ter.

A Anatomia da História

John Truby, renomado consultor de roteiros de Hollywood, uma vez disse: por trás de *O quê?* e *Como?*, existe a pergunta essencial: *Por quê?*

Em seu livro *Anatomia da História: 22 passos para dominar a arte de criar histórias*, Truby afirma que, por mais difícil que possa parecer, todos podem escrever boas histórias, desde que se exercitem para dominar a habilidade de escrever.

Ele ensina 22 passos para elaborar uma narrativa eficiente e múltipla, seja para uma série de TV, um filme, um conto ou um romance. É um método. Como outros. Esse prioriza o desenvolvimento moral e emocional dos personagens e a relação entre acontecimentos e estrutura de forma flexível.

Truby faz três perguntas para definir a história:

- O que o herói sabe no início da história?
- Em que o herói está errado no início da história?
- O que o herói vai aprender no final da história?

E prossegue quanto à elaboração do personagem principal a partir dos seguintes elementos:

- fraqueza e necessidade;
- desejo;
- oponente;
- plano;
- batalha;
- autorrevelação;

- novo equilíbrio.

A partir daí, unindo essas definições a outros quinze elementos, Truby mostra uma fórmula de 22 passos para fazer os acontecimentos se conectarem, criando o que ele define como **Anatomia da História**[4].

Assim:

1. Autorrevelação, necessidade e desejo: permitem definir o rumo da história.

2. Fantasma e mundo narrativo: o mundo, ou a rotina, em que os personagens vivem e quais os fantasmas que perturbam aquele mundo.

3. Fraqueza e necessidade: a fraqueza ou problema é a dificuldade que o personagem tem que enfrentar. A necessidade é o que ele precisa para recuperar seu equilíbrio.

4. Incidente incitante: o acontecimento que rompe com a rotina do protagonista.

5. Desejo: o que move a história, geralmente são desejos do protagonista.

6. Aliado ou aliados: alguém que aconselha o protagonista. Mentor.

7. Oponente e/ou mistério: a pessoa com habilidade de atacar o protagonista, muitas vezes porque conhece a fraqueza do personagem.

8. Oponente falso-aliado: o personagem que parece ser um aliado, mas se revela o oponente.

9. Primeira revelação e decisão: o primeiro ponto de virada, quando o protagonista toma a decisão que muda o rumo da história.

10. Plano: os passos que o protagonista pretende dar para alcançar seu desejo. Eventualmente, uma falha imprevista ou uma ação do oponente podem alterar o plano.

11. Plano do oponente e estratégia de contra-ataque: o oponente também tem um plano para se contrapor ao protagonista.

12. Motivação: são os passos que o protagonista dá seguindo o seu plano.

13. Ataque do aliado: o protagonista se desvia de seu caminho, de sua motivação, e algo dá errado.

14. Derrota aparente: o protagonista está prestes a desistir porque tem certeza de que o oponente sairá vitorioso.

15. Segunda revelação e decisão: o protagonista percebe onde errou e decide tentar novamente.

16. Revelação aos espectadores: os espectadores sabem de algo que o protagonista não sabe.

17. Terceira revelação e decisão: o protagonista aprende tudo o que pode para tentar derrotar o adversário.

18. Portão, manopla, visita à morte: o último sacrifício do protagonista, a última provação antes da batalha.

19. Batalha: confronto final entre o protagonista e seu oponente.

20. Autorrevelação: o protagonista compreende o que fez de errado e como pode corrigir.

21. Decisão moral: o protagonista começa a agir a partir do que aprendeu.

22. Novo equilíbrio: finalmente, a rotina se instala no novo normal.

Em abril de 2015, participei de uma masterclass de Truby, nos Estúdios Globo, durante três dias. Ele explicou como um autor pode se tornar um roteirista master. A seguir, um resumo do que aprendi com Truby nessa masterclass:

- antes de tudo é preciso *entender* a história que se quer contar para contar de maneira objetiva;
- descobrir o DNA da história vai dar vida a ela;
- escrever uma história é conectar personagens, enredo, estrutura, tema/argumento, imagens, diálogos;
- uma boa história é dramática. Deve ter elementos morais e psicológicos fortes e uma sequência de acontecimentos marcantes;
- a segunda camada da história a torna mais forte, mais impactante e mais envolvente;
- não existe diferença entre trama, enredo, plot e personagem: um está intrinsecamente ligado ao outro;
- a estrutura é a ordem da evolução do personagem principal. O protagonista tem que crescer, evoluir, mudar e superar suas fraquezas;

- ao dominar a estrutura, a história fica muito melhor;
- a sequência cronológica pode ser perfeita, mas não revela a história perfeita. Ao escrever um roteiro, é preciso descobrir qual será a cena seguinte em relação à estrutura e não em relação ao tempo cronológico.

A Jornada do Herói

Você consegue imaginar que em todas as lendas existentes em todas as culturas do mundo, o herói é só um, o mesmo? De forma genérica, essa é a tese de uma das maiores autoridades mundiais em mitologia, o professor e pesquisador Joseph Campbell.

Desde jovem, Campbell teve profundo interesse por psicologia, mitologia e religião. Estudou literatura e línguas clássicas e se dedicou à pesquisa sobre mitos, símbolos e religiões viajando por todos os continentes, investigando lendas, histórias e fábulas de povos e culturas diversos.

A partir dessa imensa pesquisa, ele demonstrou que existe um ciclo comum, igual, de aventuras, desafios, aprendizados e transformações entre todos os protagonistas de todas as lendas e fábulas. Os heróis seguem os mesmos passos em suas jornadas.

Com isso, Campbell criou a *Teoria do Monomito*: todas as narrativas mitológicas compartilham a mesma estrutura básica.

Existe um único herói que vai passar por uma jornada e se transformará.

> A palavra ***monomito*** vem do grego. O termo *mónos* significa único. O termo *mythós* originalmente tem o significado de jornada. *Monomito* significa jornada única.

Analisando mitos como de Osíris, Prometeu, Teseu, Ulisses e outros, e narrativas como de Buda, Moisés, Jesus e outras, ele demonstra que as trajetórias de qualquer um desses heróis, protagonistas de suas histórias, são semelhantes na evolução de suas aventuras.

Eles realizam os mesmos passos em mundos próprios e, igualmente, conseguem chegar a uma grande conquista ao mesmo tempo que passam por uma importante transformação pessoal. Essa é a jornada que todo herói enfrenta, segundo Campbell.

Um herói escapa do mundo comum para uma região de maravilhas sobrenaturais. Forças extraordinárias são encontradas, e uma vitória decisiva é conquistada: o herói volta dessa misteriosa aventura com o poder de conceder bênçãos a seu semelhante.

Joseph Campbell (1904–1987) – O Herói de Mil Faces (1949)

Campbell vai além! Estudioso da psicanálise, ele identificou que a caminhada do herói vai de um lugar que lhe é familiar para um lugar menos familiar, através do seu amadurecimento emocional.

Dessa forma, diz ele, os obstáculos, erros e acertos, aprendizados, medos, experiências, vitórias e conquistas da evolução psicológica dos heróis mitológicos representam as mesmas condições emocionais de evolução que nós, humanos comuns e mortais, vivemos.

A mitologia tem muito a ver com os estágios da vida, as cerimônias de iniciação, quando você passa da infância para as responsabilidades do adulto, da condição de solteiro para a de casado.
Todos esses rituais são ritos mitológicos. Todos têm a ver com o novo papel que você passa a desempenhar, com o processo de atirar fora o que é velho para voltar com o novo, assumindo uma função responsável. No tocante a

esse nível imediato de vida e estrutura, os mitos oferecem modelos de vida.[5]

Joseph Campbell – O Poder do Mito (1988)

Bem... O resultado do trabalho de Campbell, a *Teoria do Monomito*, deu origem a um poderoso formato de estrutura para contar histórias. Ele descreveu sua teoria, pela primeira vez, no livro *O Herói de Mil Faces*, de 1949. A aventura do mito, que sai do seu mundo para enfrentar desafios e retorna modificado, se consolidou como a *Jornada do Herói*. A estrutura narrativa que reproduz os passos do herói nas diversas fases de sua trajetória até alcançar a sua maior conquista.

A Jornada do Herói foi usada pela primeira vez no cinema pelo diretor e roteirista George Lucas, que se inspirou no livro *O Herói de Mil Faces* para criar o roteiro da mais famosa aventura nas galáxias. Em várias entrevistas, Lucas revelou o quanto o trabalho de Campbell foi importante para construir a história de Luke Skywalker e os outros personagens em *Star Wars*. Em entrevista ao jornalista Bill Moyers, em 1999, publicada no canal do YouTube Moyers & Company, Lucas declarou:

Estudei a mitologia de todo o mundo, principalmente o trabalho de Joseph Campbell, sobre o "herói com mil faces".

No filme há uma mistura de todos os tipos de mitologias e crenças religiosas, tentei colocar as ideias mais ou menos comuns a todas as culturas. E acho que essa é uma das coisas que eu realmente aprendi com Campbell.

Era o que ele tentava fazer, encontrar as semelhanças em todas as mitologias e religiões.

George Lucas – cineasta – Moyers & Company (canal no YouTube, 1999)

Lucas, fã dos desenhos em quadrinhos de *Flash Gordon*, queria adaptar a história para o cinema. Pensava num filme de ação com cavaleiros, princesas e um poder maior (a Força). Sua primeira proposta de roteiro tinha seis horas de duração. Sendo inviável, dividiu o roteiro em seis episódios para facilitar a produção e começou a gravar pelo quarto episódio. Nem precisa dizer que, em 1977, *Star Wars — Guerra nas Estrelas* — se tornou um *turning point* no cinema mundial.

Guerra nas Estrelas

Há muito tempo,
em uma galáxia muito,
muito distante...

É um período de guerra civil.
Espaçonaves rebeldes, partindo
de uma base escondida,
conseguem sua primeira vitória
contra o malvado Império Galático.

A impactante, surpreendente e eterna abertura de *Star Wars* começa com as frases acima escritas em letras amarelas correndo pela tela em fundo preto, ao som da trilha do maestro e compositor, John Williams.

O filme conta a história do jovem Luke Skywalker, que vivia tranquilamente com seus tios, até receber uma mensagem da Princesa Leia, através de seu robô, R2-D2. Ela pede socorro.

Precisa da ajuda do guerreiro Jedi Obi-Wan Kenobi porque está prestes a ser atacada por Darth Vader, líder do império inimigo.

Luke e Obi-Wan decidem defender a princesa e viajam pela galáxia junto com os pilotos Han Solo e Chewbacca, na nave Millennium Falcon. Os quatro seguem para a nave Estrela da Morte para lutar contra o ex-Jedi Darth Vader e libertar Leia.

Star Wars chegou aos cinemas em novembro de 1977, e no Oscar de 1978 venceu em sete categorias. A aventura de ficção científica, com planetas e criaturas estranhas na "galáxia muito distante" mostra o protagonista Luke Skywalker enfrentando os passos da Jornada do Herói de Campbell, no roteiro de George Lucas.

O filme foi tão marcante que boa parte do mundo se tornou adepto da saga *Star Wars* do primeiro a todos os outros episódios que vieram depois. Já se passaram mais de quatro décadas desde a estreia e as aventuras na galáxia de Luke Skywalker, Princesa Leia e Han Solo permanecem influenciando a cultura pop mundial. A obra de Joseph Campbell teve grande responsabilidade no sucesso da saga *Star Wars*.

Não é necessário seguir a Jornada do Herói passo a passo, mas compreender sua lógica ajuda a aproveitá-la como base de qualquer história em qualquer mídia. Em doze passos, como um círculo, o herói vive entre o mundo comum, de onde parte, e o mundo desconhecido, onde enfrentas as grandes provações. Na ilustração a seguir, feita pelo designer gráfico Gustavo Visconti especialmente para este livro, você acompanha o herói andarilho em sua jornada entre o mundo comum e o mundo desconhecido.

Figura 8: Jornada do Herói

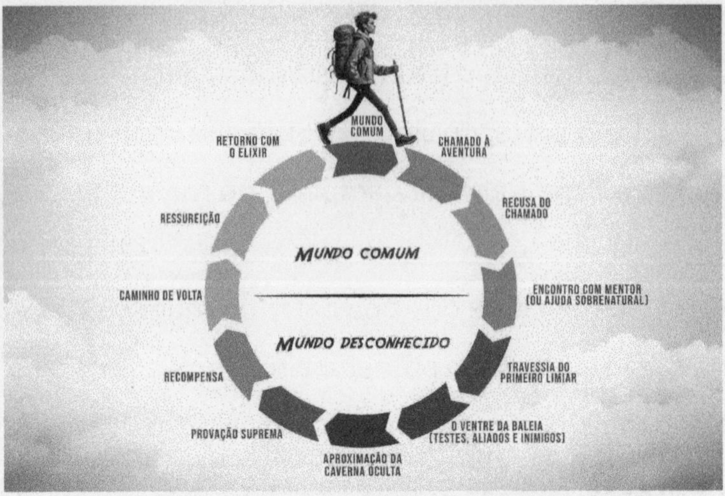

Fonte: elaborado por Gustavo Visconti, 2024.

Os passos da Jornada

1. **Mundo comum:** o herói é apresentado no seu mundo, no ambiente familiar e comum.

2. **Chamado à aventura:** o herói é desafiado por algo que o leva para fora do seu mundo. Algo inesperado.

3. **Recusa do chamado:** há uma resistência do herói para atender ao chamado. Medo ou insegurança.

4. **Encontro com mentor:** o encontro com seu mentor, para se fortalecer e receber conhecimento, conselhos,

habilidades. O mentor o ajuda a superar seus medos.

5. **Travessia do primeiro limiar:** o herói consegue deixar o mundo comum em direção ao mundo desconhecido. Momento importante, pois o herói se compromete definitivamente com o desafio — em vencer o desafio.

6. **O ventre da baleia (testes, aliados e inimigos):** os obstáculos aparecem. O herói também aprende novas habilidades, se fortalece com amigos, mas aparecem os inimigos.

7. **Aproximação da caverna oculta:** momento em que se aproxima uma situação de grande tensão. Tudo parece perdido e as dificuldades são imensas.

8. **Provação suprema:** a maior crise de toda a jornada. O herói enfrenta seu pior desafio, um perigo que pode ser fatal.

9. **Recompensa:** ele superou a provação suprema. Hora de ganhar a recompensa.

10. **Caminho de volta:** a escolha. O herói precisa tomar uma decisão: deve retornar ao mundo comum?

11. **Ressurreição:** última provação, o teste final. O herói ainda

enfrenta a morte mais uma vez, ou uma grande perda.

12. **Retorno com o elixir:** decisão tomada. Deve retornar ao mundo comum, levando consigo o elixir — aquilo que foi buscar no início da jornada. Esse momento simboliza o amadurecimento emocional e a transformação do herói. O retorno à situação inicial sendo um novo herói.

A Jornada do Herói em Guerra nas Estrelas

(Adaptação livre)

1. **Mundo comum:** Luke Skywalker está vivendo uma vida normal e humilde como um garoto de fazenda em seu planeta natal, Tatooine.

2. **Chamado à aventura:** Luke aciona a mensagem de R2-D2 enviada pela Princesa Leia e fica intrigado pelo pedido de socorro. Luke procura Obi-Wan Kenobi.

3. **Recusa do chamado:** ao visitar Obi-Wan, Luke descobre que seu pai, Anakin Skywalker, foi um cavaleiro Jedi, morto por Darth Vader. Luke em princípio não aceita se unir a Obi-Wan, mas, ao voltar, encontra sua casa destruída e sua família morta. Luke decide partir.

4. **Encontro com mentor:** Luke recebe de Obi-Wan o sabre de luz de Anakin. Começa o treinamento Jedi para encarar a aventura.

5. **Travessia do primeiro limiar:** para salvar Leia, Luke e Obi-Wan contratam o piloto Han Solo e seu fiel escudeiro Chewbacca. A bordo da nave Millennium Falcon, os quatro tentam chegar ao planeta de Leia.

6. **O ventre da baleia (testes, aliados e inimigos):** Luke e seus aliados enfrentam os soldados do Império e inimigos diversos no caminho da missão.

7. **Aproximação da caverna oculta:** Luke se une à Aliança Rebelde e vai com o esquadrão X-Wing destruir a Estrela da Morte. Há muitas perdas. Mas eles conseguem.

8. **Provação suprema:** Luke enfrenta o maior inimigo, Darth Vader. No duelo, Vader decepa a mão de Luke e revela que é, na verdade, o pai de Luke.

9. **Recompensa:** Luke salvou a princesa e recuperou os planos da Estrela da Morte. Eles agora têm o conhecimento para destruir a maior arma do Império Galáctico de uma vez por todas.

10. **Caminho de volta:** Luke tem nova missão: se unir a Leia

para salvar Han Solo das mãos do Jabba, o Hut.

11. **Ressurreição:** Luke resolve se entregar ao Império para falar com seu pai e perceber se ainda há um pouco de bondade nele. Luke é levado ao imperador, que o quer no Lado Negro, e vê as forças imperiais destruindo as naves rebeldes.

12. **Retorno com o elixir:** após lutar e conseguir destruir o inimigo, Luke pega uma nave e leva o corpo de Darth Vader para Endor, pouco antes de a Estrela da Morte ser destruída. Em um funeral Jedi, o herói queima o corpo do pai, que se torna um espírito da Força, ao lado de Obi-Wan e Yoda. De volta ao mundo comum, Luke é outra pessoa depois de tudo que enfrentou.

Nem precisamos pensar muito para descobrir o quão importante essa estrutura é para qualquer obra criativa que pretende contar a história de alguém, uma pessoa, uma criança, um cientista, uma banda de música.

Já sabemos que além do ficcional, nós também podemos aproveitar a Jornada do Herói. O jornalista encontra heróis anônimos em pautas diárias por uma cidade. Se passar a ver esse personagem como o andarilho herói de Campbell, poderá dar à sua reportagem um valor mais profundo. Além de, ao mesmo tempo, colocar o público que recebe a mensagem, dentro da história.

A Jornada do Escritor

Em meados dos anos 1980, um jovem analista de roteiro dos Estúdios Walt Disney, Christopher Vogler, que conheceu o trabalho de Campbell enquanto fazia o curso de cinema na Universidade da Califórnia, decidiu adaptar a teoria de Campbell em um guia prático para roteiristas.

Escreveu um memorando interno de sete páginas explicando como o herói podia evoluir em sua vida, e distribuiu para os companheiros da Disney. O memorando ficou conhecido como *The Memo*.

Em pouco tempo, *The Memo* se tornou o maior sucesso entre os roteiristas da Disney. E Vogler foi promovido para a divisão de animação.

Ali, junto com equipes de desenhistas e roteiristas, começou a usar a estrutura da transformação do herói nos roteiros dos filmes de animação da Disney.

Vogler é um dos roteiristas de *O Rei Leão* —

o primeiro longa de animação da Disney criado a partir de uma história original, que mudou a história dos filmes animados.

The Memo também serviu de apostila quando Vogler se tornou professor na Universidade da Califórnia. Mais tarde, ele adaptou o guia prático que criou para a realidade dos escritores e publicou um livro que o tornou muito conhecido. *A Jornada do Escritor: Estrutura mítica para escritores.*

A Pirâmide de Freytag

Ao analisar a dramaturgia grega e as obras de Shakespeare, o romancista e dramaturgo alemão Gustav Freytag (1816–1895)[6] criou um modelo de narrativa diferente do padrão clássico.

A *Pirâmide de Freytag* é uma das estruturas dramáticas mais antigas, desenvolvida em meados do século XIX no livro *Freytag's Technique of the Drama* , publicado em 1863. Ele expandiu a definição de Aristóteles de começo, meio e fim (três partes) porque percebeu que histórias também podiam ser divididas em duas partes, ter cinco elementos, formando uma pirâmide ou um triângulo. Os elementos na pirâmide estão integrados assim:

Figura 9: Pirâmide de Freytag

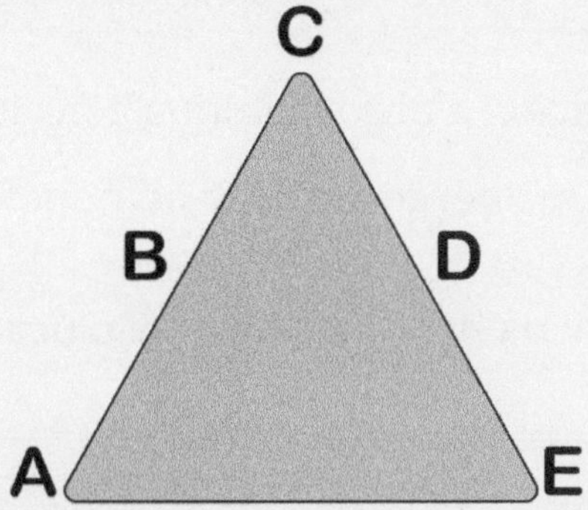

Fonte: FREYTAG, Gustav. Freytag's Technique of the drama: An exposition of dramatic composition and art, 1863.

A. exposição ou introdução;

B. ascensão da ação ou movimento ascendente;

C. clímax;

D. declínio da ação ou movimento descendente;

E. desfecho ou desenlace.

A pirâmide funciona assim:

- **Exposição:** a base da pirâmide. O início onde são dadas as informações sobre o contexto da história e personagem.
- **Ascenção da ação:** os obstáculos começam a surgir e a ação cresce lentamente em tensão.

- **Clímax:** é o meio da história, o ponto de virada, onde os obstáculos atingem seu ponto máximo. É o ponto mais importante da estrutura; a ação cresce para chegar a ele.
- **Declínio da ação:** a ação continua a evoluir para o protagonista melhorar e chegar ao ponto do desfecho.
- **Desfecho:** fim da história com a resolução das ações pendentes.

A estrutura mostra, claramente, que a tensão e o conflito se apresentam em ritmo crescente equilibrado até chegar ao ponto máximo, o clímax. Daí, em tom decrescente também equilibrado, se apresentam as consequências do clímax até o desfecho. Diferente de outras estruturas modernas, o clímax também é o ponto de virada da história. A reviravolta.

Roma de Cuarón

Em fevereiro de 2019, o filme *Roma*, do cineasta mexicano Alfonso Cuarón, ganhou três Oscars — Melhor Direção, Melhor Fotografia e Melhor Filme Estrangeiro — sendo a primeira produção mexicana a ganhar nesta última categoria.

Roma é um projeto pessoal de Cuarón. Ele não poderia imaginar que uma produção latina, em preto e branco, falada em espanhol e no dialeto *mixteco*, teria o sucesso que teve.

> *Quero agradecer à Academia por reconhecer um filme centrado em torno de uma mulher indígena, uma das 70 milhões de trabalhadoras domésticas do mundo sem direitos trabalhistas. Uma pessoa que historicamente foi renegada aos bastidores do cinema.*
> *Nosso trabalho como artista é olhar para onde os outros não olham. Trabalho que se torna importante em tempos em que somos encorajados a ignorá-los.*
>
> Alfonso Cuarón – Cerimônia do Oscar (24/02/2019)

Roma se passa nos anos 1970 e mostra a relação de uma família de classe média com a empregada doméstica Cleo, de origem indígena. Ela cuida dos quatro filhos do casal e mora na mesma casa da família. A história é o registro da infância de Cuarón, na casa de número 21 da rua Tepejí, no bairro Roma Sul, na Cidade do México.

Em entrevista ao jornal *New York Times*, em janeiro de 2019, ele revisitou as imagens e sons que o inspiraram a fazer *Roma*.

> *Queria passar para o papel minhas memórias sem contaminação nenhuma. Decidi fazer descrições bem*

longas. Quebrei outras regras de roteiro[7] *também. Por exemplo, descrevi cheiros e sons. Eram essenciais que eu queria depois imprimir no filme.*

Alfonso Cuarón – New York Times (2019)

O professor, roteirista e diretor Joan Marimón Padrosa, de Barcelona, Espanha, mantém o perfil "El montaje cinematográfico. Del guion a la pantalla", no Facebook, onde conversa com seus seguidores sobre o cinema mundial. Em 22 de fevereiro de 2019, além de detalhada análise sobre o filme *Roma*, o professor Padrosa publicou uma representação da aplicação da estrutura de Três Atos no filme[8]. É uma visão didática, clara e muito interessante, pois se observa a linha do tempo, com todas as cenas bem demarcadas, e a curva dramática com subidas e descidas para dar o ritmo da narrativa.

---

1. Se você quiser ver a publicação original de McKee, procure em: MCKEE, Robert. A story is a design in 5 parts: The Inciting Incident, Progressive Complications, Crisis, Climax + Resolution [S.l.], 07 out. 2017. X: @McKeeStory. Disponível em: https://x.com/McKeeStory/status/916738399108726785.
2. Você pode assistir à aula de Adams sobre improvisação em: ADAMS, Kenn. The Story Spine from Kenn Adams. How to use the improv story structure The Story Spine. [Vídeo online]. Publicado por Improve Games. [S. l.], 06 ago. 2019. Disponível em: https://www.youtube.com/watch?v=pRHXVbsuAQw.

3. Para estudar sobre o trabalho da Pixar: PIXAR in a Box. Pixar. Disponível em: https://www.pixar.com/pixar-in-a-box.

4. Há uma boa entrevista com John Truby sobre "A Anatomia da História" em: TRUBY, John. Anatomy Of Story - John Truby [FULL INTERVIEW]. [Vídeo online]. Publicado por Film Courage. [S. l.], 22 jan. 2013. Disponível em: https://www.youtube.com/watch?v=8Q07y1JFeEE.

5. Recomendo a leitura de *O Poder do Mito*. O livro reproduz a entrevista que, em 1985, o jornalista norte-americano Bill Moyers fez com Joseph Campbell no Rancho Skywalker, de George Lucas. Assista à entrevista em: MOYERS, Bill. Entrevista de Bill Moyers com Joseph Campbell - O Poder do Mito. [Vídeo online]. Publicado por Ruben Prado. [S. l.], 19 fev. 2022. Disponível em: https://www.youtube.com/watch?v=TIMZkR7dy7s.

6. Freytag tem um papel importante em pesquisas e estudos sobre metodologia de narrativa. O livro está disponível para leitura digital: FREYTAG, Gustav. *Freytag's Technique of the drama: An exposition of dramatic composition and art*. Google Books. Disponível em: https://books.google.com.br/books?id=nD8PAQAAMAAJ&printsec=frontcover&source=gbs_ge_summary_r&redir_esc=y#v=onepage&q=denouement&f=false.

7. CUARÓN, Alfonso. Roma. Deadline. Disponível em: (versão em espanhol) https://deadline.com/wp-content/uploads/2018/12/Roma-Screenplay-SPANISH.pdf . (Versão em inglês) https://deadline.com/wp-content/uploads/2018/12/Roma-Screenplay-ENGLISH.pdf.

8. PADROSA, Joan Marimón. "Roma" (2018) de Alfonso Cuarón. [Foto]. [S. l.], 22 fev. 2019. Facebook: El montaje cinematográfico. Del guion a la pantalla. Disponível em: https://www.facebook.com/100033225198448/posts/1738732056227324/.

10. Storytelling

Há alguns anos, minha amiga Jury, superfã de séries, assistia a Little Fires Everywhere *e me contou, entusiasmada: "Não consigo desgrudar da TV. Desde a primeira cena — a mansão pegando fogo, bombeiros correndo, sirenes tocando, muitos gritos, pessoas assustadas e uma pergunta no ar, como aquele lugar pegou fogo?" Jury estava totalmente envolvida na série. Seduzida.*

Little Fires Everywhere *é sobre conflitos entre duas mães de classes sociais diferentes, intrigas e mais intrigas, um novelão com reviravoltas e situações paralelas. Perfeito para maratonar e portanto se envolver.*

Pois bem, narrativas construídas com estruturas seduzem. Narrativas com mecanismos de storytelling, enfeitiçam.

A comunicação entre seres humanos se constitui por histórias desde sempre. Quase todos os manuais de storytelling contam, logo no início, que os primeiros seres humanos contavam histórias sobre o cotidiano em desenhos e inscrições nas paredes das cavernas onde viviam. Arte rupestre. É como estudiosos da pré-história denominam essas pinturas.

A descoberta da arte rupestre mais antiga[1]
Em julho de 2024, o site da BBC News Brasil, informava: "A mais antiga arte rupestre foi descoberta na Ilha de Sulawesi, na Indonésia, por cientistas australianos e indonésios." A pintura de um porco selvagem e três figuras humanas tem 51.200 anos, mais de 5 mil anos a mais que a arte rupestre que até então era considerada a mais antiga.
As pinturas foram encontradas nas cavernas da colina Karampuang. Maxime Aubert, professor da Universidade de Griffith, na Austrália, disse à BBC que a descoberta mudaria as ideias sobre a evolução humana: "A pintura conta uma história complexa. É a evidência mais antiga que temos da narrativa. Isso mostra que os humanos daquela

> época tinham a capacidade de pensar em termos abstratos."

Não há dúvida. A pintura rupestre é uma linguagem visual que transmite comportamentos, valores e crenças da origem da humanidade, por ser o registro do modo de vida das tribos dos homens mais antigos — hábitos, animais, armas, roupas, adereços. Mesmo que não se comunicassem do jeito que hoje nos comunicamos, nossos antepassados já narravam a própria história.

O que isso significa? Significa que o instinto de contar histórias é presente na espécie humana moderna, a *Homo sapiens*, e como disse o cientista australiano, *é a evidência mais antiga da narrativa*. E, narrativa é nosso objeto de estudo.

Assim, como os homens das cavernas criaram a melhor maneira de eles se comunicarem, se você quiser contar histórias da melhor maneira possível para se comunicar deve ter em mente que garantir novos saberes ao seu repertório o ajudará, mesmo que tenha já público e audiência garantidos para suas mensagens.

Estamos submetidos a um excesso de informação, a uma quantidade tão imensa de mensagens 24 horas por dia, que estar atento à qualidade do conteúdo no meio deste mundo é preocupação prioritária. Ao descobrir novas abordagens para furar a defesa do público, você descobre sutilezas para criar sua própria voz, seu próprio estilo. Vamos então buscar no storytelling o que pode ser aproveitado por cada um de nós. A escolha é livre.

Os mecanismos

O storytelling permite desenvolver a relação de proximidade e a conexão no compartilhamento de uma história. E por causa disso, torna a história singular.

Incorporamos a palavra em inglês ao nosso vocabulário sem questionar a tradução porque a entendemos como conceito. *Story* é história. *Telling* é contando. Portanto, o significado da palavra é "contando histórias"!

Por outro ponto de vista, ao dividir a palavra, vamos além da tradução literal e alcançamos o significante — o que é mais concreto, perceptível. E temos uma outra configuração:

- Story = a essência.
  Os fatos, o contexto, os personagens, o ambiente, os acontecimentos, *o que* vai ser contado. A história e a mensagem a serem transmitidas.

- Telling = a forma.
  O drama, o conflito, a estrutura, a edição, a entonação, a luz, os efeitos, *como* a história vai ser contada. O formato

em que a mensagem será transmitida.

Imagine que você vai fazer um bolo.

Primeiro faz a massa com ovos, farinha, fermento e leite, e leva ao forno. Isso é o *story*. Depois, coloca o recheio, a cobertura com granulados, velas. Esse é o *telling*.

Importante: storytelling não é um modelo de estrutura para construir narrativas. Envolve, prioritariamente, uma habilidade — transmitir uma mensagem para provocar emoção e identificação do público e tornar a mensagem relevante, inesquecível.

Existem muitas histórias que entusiasmam o público de imediato, mas histórias que marcam de verdade e são lembradas tempos depois, essas são poucas. Por isso, uma das prioridades ao se contar histórias é transformar, mobilizar a vida das pessoas.

Então, quais elementos proporcionam qualidades de storytelling à uma história?

Conexão é a chave.

Toda história tem um personagem. Esse personagem é o centro da história.

O público precisa se reconhecer nele para surgir a **identificação** e mergulhar na história.

As pessoas precisam perceber que o problema do personagem é semelhante aos problemas delas.

Sabe por quê? Para estabelecer o **elo emocional** e despertar sentimentos como compaixão, solidariedade, tristeza, alegria. Ainda mais. Despertar atitudes e posturas, mobilização, diante da resolução da história.

Identificação e **elo emocional** são fatores que conectam você, eu e o público com a história.

Conexão é imprescindível.

Se o elo emocional desperta sentimentos, **elementos de referência** ampliam os níveis de conectividade.

O público entra na história por meio das particularidades, detalhes, características que ele reconhece que são referências. Esse reconhecimento o envolve no conflito, nas ações, na sequência dos fatos e na relação com o personagem.

Quando isso acontece, a narrativa deixa de ser uma seleção de informações distantes e passa a ser uma experiência com significado. Realiza-se a **empatia**, que significa se colocar no lugar do outro. Ter afinidade com os sentimentos do personagem.

Elementos de referência e **empatia** tornam a narrativa legítima. Diante disso, a história transcende as páginas do livro ou a tela do celular.

Na era digital, de comunicação frenética e relações superficiais, o grande desafio é fazer conexão quando a atenção do público é escassa e dispersa ao mesmo tempo que seus interesses são voláteis. Contar boas histórias precisa ser uma competência para o criador de conteúdo. Conectar significa transformar o *transmitir uma mensagem* em criar laços, inspirar, motivar, engajar.

A arte de contar histórias relevantes pode se traduzir em entregar uma história que prende a atenção das pessoas e deixa uma marca. A combinação de estrutura e storytelling com planejamento produz uma narrativa autêntica e impactante:

Estrutura + storytelling = narrativa de valor

Era uma vez... Houve um tempo... Certa vez...

Fórmula antiga que pode parecer sem sentido, mas é bem mais poderosa do que se imagina.
Ao se utilizar dessas expressões, o contador de histórias ativa o hemisfério direito do nosso cérebro que, por ser o da poesia, da arte, do pensamento holístico e o que trabalha com metáforas, não coloca nenhuma resistência para que desfrutemos das histórias.

À medida que fazemos isso, as histórias vão entrando como água que atinge as partes mais difíceis das rochas e ali se instala.
Um dia, você está vivendo uma situação, e se lembra de que o herói de certa história viveu o mesmo e conseguiu descobrir uma saída para aquela situação.

Gislayne Avelar Matos — arteterapeuta – Storytelling: Líderes narradores de histórias (2010)

Já imaginou usar os mecanismos do storytelling no seu cotidiano? Praticar o storytelling pode trazer benefícios em diversos aspectos. Afinal, toda comunicação envolve contar uma história — do cafezinho no trabalho e o discurso de formatura até a apresentação de um equipamento revolucionário!

Quando quiser pensar sobre algum assunto em termos de storytelling, experimente fazer as seguintes perguntas para você mesmo:

- O que de fato importa nesse assunto?
- O que incluir, o que excluir?
- O que falar antes, o que falar depois?

Ao buscar essas respostas, você tem um start para uma

narrativa em qualquer contexto. Lembrando que o storytelling é adequado para ampliar a força e o significado da mensagem. Quando desejamos a compreensão profunda e a conexão emocional.

A reinvenção do telefone

Em 9 de janeiro de 2007, Steve Jobs, fundador da Apple, tinha um segredo guardado a mil chaves para mostrar ao mundo. Jornalistas, fãs apaixonados pela marca, publicitários e executivos estavam numa plateia lotada no MacWorld/iWorld em São Francisco, quando Jobs entrou no palco e se posicionou à frente de um imenso telão com a imagem da maçã mordida iluminada. Dali em diante, exibiu uma performance genial. Entre pausas, reticências, sorrisos e olhares, começou:

> *Este é um dia que esperei por dois anos e meio.*
>
> –> pausa

> *De vez em quando surge um produto revolucionário no mundo que muda tudo. E a Apple tem tido muita sorte por ter criado alguns desses.*
> *Em 1984... apresentamos o Macintosh. Ele não somente mudou a Apple, mas mudou a computação como um*

todo.

Em 2001... trouxemos o primeiro iPod. E ele não somente mudou a forma que ouvimos música, mudou a indústria da música inteira.

Bem, hoje, vamos mostrar três produtos revolucionários.

O primeiro deles é um iPod com tela grande e controles de toque.

O segundo é um telefone móvel revolucionário.

E o terceiro é um aparelho de comunicação com internet.

-> pausa

Então... um iPod, um telefone e um aparelho com internet!

De novo, um iPod, um telefone...

Então, perceberam?

-> pausa

Eles não são três aparelhos em separado!

São apenas um aparelho.

E nós, o chamamos de iPhone!

-> pausa

Hoje, a Apple reinventa o telefone.

–> aplausos e vivas.

— *Este é um dia que esperei por dois anos e meio.*

Essa frase funciona exatamente como a primeira frase das fábulas, lendas, histórias infantis: *Era uma vez...*

Ao usar o poder do contador de história, Jobs quebra a defesa da audiência de imediato. E mais. Ele segue a narrativa sem dizer porque estava esperando esse dia. Deixa todo mundo em suspense... ousadia! Clássico momento instigante do Ato I.

Aproveitando que a plateia já estava seduzida, relembra as criações da Apple. Um momento breve de lembranças afetivas para cada pessoa da audiência. Conexão fechada.

A partir daí, o arco narrativo da apresentação começa a trilhar a curva crescente. O público, encantado, ouve Jobs contar que ele tem três produtos novos. Mistério!

Com habilidade maestra, Jobs carrega as pessoas para o clímax:

— *Eles não são três aparelhos em separado! São apenas um aparelho.*

— *Ohhhh* (responde em uníssono toda a plateia).

Uma revelação inesperada! A fala de Steve Jobs, entre reticências e pausas, leva o público ao êxtase, e ele mostra o aparelho. O iPhone 1, o novo device mais revolucionário do mundo! Match point!

O uso das palavras, a identificação, a interpretação, a conexão, os elementos de referência, o jogo de suspense e mistério, um narrador apaixonado, a surpresa na revelação — elementos que dão relevância à narrativa.

A narrativa tem um design que reúne as teorias aristotélicas — começo, meio e fim, pontos de virada, propósito e catarse — aos mecanismos de conexão emocional do storytelling. A apresentação de Jobs de 2007[2] é memorável e inesquecível.

Em tempo

Por que Little Fires Everywhere *hipnotiza o público?*

Em clima de suspense, a narrativa acompanha a chegada da artista plástica Mia Warren e da filha adolescente Pearl na cidade de Shaker Hights, no subúrbio de Ohio. As novas moradoras são logo notadas por Elena Richardson porque estão sempre dentro de um carro velho, sujo e cheio de malas. Rica e controladora, Elena tem um imóvel vago e sugere alugar o local para Mia e Pearl. A partir daí, surgem os contrastes entre as duas famílias que dão início à trama e ainda mantêm até o final o mistério sobre o incêndio na mansão dos Richardsons.

Baseada no livro de mesmo nome, estrelada por Reese

Witherspoon e Kerry Washington, a minissérie mereceu um artigo bem interessante no site da revista *Rolling Stones*, em junho de 2020, explicando as razões do sucesso no streaming:

- A tensão entre as protagonistas, as duas mães, se estabelece no primeiro encontro e segue por todos os capítulos, mostrando o racismo estrutural, o privilégio branco e a luta de classe.

- O mito da família tradicional e perfeita é destruído. Os próprios filhos de Elena mostram as rachaduras desse conceito.

- Diálogos fortes e ácidos nos embates entre Mia e Elena ressaltam a diferença dos privilégios de cada família.

- A maternidade é mostrada em vários pontos de vista tanto por parte das protagonistas como de outras personagens.

- A situação de imigrantes é abordada quando uma personagem ilegal no país abandona a filha por não ter como cuidar.

O drama familiar aborda questões que rodeiam muitas famílias, os círculos de amigos e a convivência entre vizinhos no mesmo bairro. São evidentes os elos emocionais, os elementos de referência, a identificação com os espectadores com propósito de conexão e empatia. Os mecanismos do storytelling estão todos ali.

Lembre-se:

Conte a história do personagem

Explique por que ele é parte da situação.

Use elementos surpresa

para envolver o público.

Teste o ritmo da narrativa com

pausas e detalhes diferenciados.

Crie o arco dramático da história:

onde ela começa, por onde ela caminha

e onde termina.

---

1. Para conhecer as pinturas da Caverna de Karampuang, busque no site da BRIN (Badan Riset dan Inovasi Nasional. Archaelogical, Language and Literature Research Organization).

2. Assista à apresentação de Jobs: JOBS, Steve. iPhone 1 - Steve Jobs MacWorld keynote in 2007 - Full Presentation, 80 mins. [Vídeo online]. Publicado por Protectstar Inc. [S. l.], 16 maio 2013. Disponível em: https://www.youtube.com/watch?v=VQKMoT-6XSg.

11. Roteiro

O roteiro representa um estado transitório, uma forma passageira destinada a desaparecer, como a larva ao se transformar em borboleta.
Quando o filme existe, da larva resta apenas uma pele seca, de agora em diante inútil, estritamente condenada à poeira.
E quanto mais o próprio filme estiver presente no texto escrito, incrustado, preciso, entrelaçado, pronto para o voo como a borboleta que já possui todos os órgãos e todas as cores sob a aparência de larva, mais a aliança secreta entre o escrito e o filme terá chances de se mostrar forte e viva.

Jean-Claude Carrière (1931–2021)

Da importantíssima obra de Carrière — homem de talentos múltiplos, escritor, dramaturgo, ensaísta, ator, roteirista e diretor

— duas lições se tornaram muito conhecidas entre os que lidam com cinema:

- *a imaginação é um músculo que precisa de exercício constante e que pode ser treinada como a memória ou como o pianista que treina os dedos, os ouvidos;*
- *o roteiro cinematográfico é uma obra provisória destinada a desaparecer ao se transformar em imagem e som.*

Carrière recebeu várias indicações para o Oscar e outros prêmios internacionais de cinema. A Academia de Cinema de Hollywood o presenteou com um Oscar Honorário pela sua obra em 2015. No seu discurso, na noite de entrega dos prêmios honorários em 8 de novembro de 2014, reconheceu a relevância dos colegas.

> *Gostaria de dizer algo sobre o fato deste Oscar ir para um roteirista.*
> *Fico muito feliz com isto, porque muitas vezes os roteiristas são esquecidos ou ignorados. São como sombras que passam pela história do cinema. Os seus nomes não aparecem nas avaliações. Mesmo assim, são cineastas. É por isso que nesta noite gostaria de compartilhar esta pequena estátua de valor inestimável com todos os meus colegas, os que conheço, e os que não*

conheço, de todo o mundo.

Jean-Claude Carrière – Cerimônia do Oscar Honorário (08/11/2014)

Roteiro é o documento descritivo do começo ao fim de uma história e é usado como guia para a produção daquela história. No caso de roteiro audiovisual é a descrição da história em áudio e vídeo para filme, seriado, documentário e para stories, vlogs, videoclipes etc.

Em seu livro, *O Poder do Clímax*, o escritor e roteirista Luiz Carlos Maciel, faz uma comparação entre os termos usados para definir roteiro:

> *Os norte-americanos chamam-no* screenplay, *uma peça para a tela, de maneira à distingui-la da simples play, destinada ao palco. Os franceses o chamam de* scenario, *para designá-lo como um conjunto de cenas.*
> *E nós o chamamos de* roteiro. *E não é uma má palavra para o caso. Roteiro é uma rota não apenas determinada, mas decupada, dividida, através de seus diferentes estágios.*
> *Roteiro significa que saímos de um lugar, passamos por vários outros, para atingir um objetivo final.*

Luiz Carlos Maciel (1938–2017) – O Poder do Clímax (2003)

No finalzinho dos anos 1980, eu já trabalhava em jornalismo audiovisual há quase 15 anos. Minha formação era forjada no dia a dia da ilha de edição com orientações e observações de jornalistas mais experientes e, obviamente, meus erros e acertos. Decidi que era hora de fazer um curso de roteiro de cinema já que a linguagem audiovisual estava na essência do jornalismo que praticava. Me inscrevi para as aulas de Denise Bandeira, atriz e roteirista, que fez grande parceria no cinema com o ator e diretor Hugo Carvana. Para minha boa surpresa, ela trouxe para analisarmos o roteiro do filme Bar Esperança, o Último que Fecha, *no qual ela havia sido corroteirista. Um sucesso do cinema nacional na época. Naquele curso, aprendi técnicas, definições, termos, elementos da arte de roteirizar para audiovisual, que muito me ajudaram dali em diante.*

Hoje em dia, um filme, ou um vídeo, é realizado de várias formas. Temos de superproduções aos curtas de celular. Mas, o formato audiovisual — seja qual for a sua extensão — precisa de um ponto de partida. Um roteiro.

Roteiro é igual ao Google Maps. Uma ferramenta que indica o caminho e impacta no resultado porque contém, além da própria mensagem, elementos que complementam a produção daquela obra.

Nele, se concentram as indicações para gravação de áudio e vídeo e para tudo o mais que será necessário. O roteiro ainda carrega indicações para as três etapas do processo — pré-produção, produção e pós-produção. Sempre há correções, adaptações que o modifica até mesmo na hora da captação.

Ingmar Bergman (1918–2007)

Bergman, cineasta sueco, tem seu nome associado a mais de setenta filmes, documentários e séries como diretor ou roteirista para cinema e TV, além de produção para teatro e rádio.

Um dos diretores mais reverenciados na história do cinema mundial, com centenas de prêmios por dezenas de filmes, tem sua história contada por ele mesmo na autobiografia *Lanterna Mágica*.

Mas, é no livro *Four Screenplays* (Quatro roteiros) de 1960, que ele mostra suas qualidades de, muito mais do que roteirista, escritor.

Os roteiros dos filmes *Sorrisos de uma Noite de Amor*, *O Sétimo Selo*, *Morangos Silvestres* e *O Mágico* são escritos em formatos e textos que extrapolam os padrões de um roteiro. Bergman usa e abusa da linguagem poética, descreve cheiros, relata ações sem objetividade, totalmente subjetivas e não inclui diálogos.

Os estudiosos da arte cinematográfica consideram que os roteiros escrito por Bergman — por todas as suas características — são verdadeiros textos literários.

Jean-Luc Godard, pioneiro do movimento Nouvelle Vague, contemporâneo de Bergman, não era afeito a esse tipo de roteiro. Cineasta, diretor e crítico de cinema do jornal *Cahiers du Cinema*, Godard foi um dos cineastas franceses que romperam com o padrão de fazer cinema na sua época.

O primeiro filme de Godard, *Acossado* de 1960, é um dos que marcam o início do movimento chamado Nouvelle Vague que veio renovar o cinema francês. Godard quebrou as regras de então, ao filmar com câmeras portáteis na mão e escrever o roteiro no próprio dia da filmagem. Mas, ele foi muito além. Godard se tornou um dos mais inventivos diretores do cinema mundial.

O pequeno artigo intitulado "Jean-Luc Godard e seus filmes em linha reta", da revista *Filme e Cultura*, edição 43 de 1984, reproduz um trecho do livro *Jean-Luc Godard par Jean-Luc Godard*, publicado em Paris, em 1968. A declaração de Godard descarta a ideia de que um roteiro cinematográfico precisa ser o mais completo possível.

> *Gosto de ser surpreendido. Se a gente sabe com antecedência tudo que vai fazer, não vale mais a pena. Para que serve o cinema se ele serve os passos da literatura?Quando escrevo um roteiro, também fico com vontade de colocar tudo no papel, mas não consigo. Não sou escritor. Fazer um filme é superpor três operações: pensar, filmar, montar. Não pode estar tudo no roteiro; ou, se estiver, se as pessoas já choram ou riem lendo o roteiro, basta imprimi-lo e vendê-lo nas livrarias.*

Jean-Luc Godard Cineasta (1930–2022) – ("Jean- Luc Godard e seus filmes em linha reta" 1968)

Robert McKee, o guru do cinema norte-americano, descarta a ambição do roteiro ser um livro, se tornar peça literária ou literatura, com uma frase definitiva.

Um trabalho literário é finalizado e completo dentro de si mesmo. Um roteiro espera uma câmera.

Robert McKee – Script doctor

Definições e Recursos #roteiro

Um roteiro bem escrito é uma ótima base para a produção audiovisual. Os elementos essenciais e as suas etapas incluem premissa, argumento, escaleta, tratamentos, personagens, conflito, estrutura, diálogos, ritmo, reviravoltas e tema (ideia ou enredo).

Um roteiro audiovisual não conta a história, mostra a história. O roteirista precisa conhecer os elementos para criar cenas que traduzam em imagens o que o tema do filme quer dizer.

A ideia/tema de um filme passa por diversas etapas até se tornar o filme. Para facilitar o entendimento, vamos a algumas definições básicas que fazem parte desse universo.

Storyline

Quando vamos escrever um roteiro, precisamos em primeiro lugar criar a ideia central da história. A linha da história. A principal trama do roteiro. Ou seja, o resumo do cerne da história e apresentação dos personagens, em algumas palavras. Ao ler o storyline, você sabe o que vai ver num filme. Ou na série. Ou no videoclipe. Mas nem sempre saberá o final. O storyline é também chamado de premissa.

O storyline deve conter três momentos, segundo Ben Brady (1908–2003), um dos pioneiros roteiristas da história do entretenimento da televisão norte-americana. Ele definiu em seu livro *The Keys to Writing for Television and Film*, de 1978:

- alguma coisa acontece;
- alguma coisa precisa ser feita;
- alguma coisa é feita.

Exemplos:

- **O Poderoso Chefão (1972):** nos Estados Unidos pós-guerra, o patriarca de uma família poderosa da máfia italiana sofre um atentado. O filho mais novo não quer participar dos negócios escusos, mas é obrigado a assumir o lugar do pai, o chefão.
- **Romeu e Julieta (1996):** Romeu, da família Montecchio, se apaixona por Julieta, da família arqui-inimiga, Capuleto. Como o amor era proibido, o casal convence o frei a realizar o casamento, para depois fugirem juntos.

- **Titanic (1997):** no início do século XX, uma aristocrata inglesa, prestes a se casar, se envolve com um artista norte-americano e pobre, durante a viagem inaugural do transatlântico Titanic. A jovem desafia a família em nome do amor clandestino, até o navio se chocar com um iceberg.

- **Gravidade (2013):** um astronauta e uma cientista tentam sobreviver no espaço sideral, depois que um acidente com a nave em que estavam os deixa à deriva. O astronauta desaparece e a cientista é obrigada a aprender a dirigir a nave.

- **Divertida Mente 2 (2024):** a pré-adolescente Riley muda de cidade com a família e sua vida emocional vira um caos. A sala de controle de sua mente se desorganiza, surgem novas emoções que disputam o espaço com emoções antigas.

Exercitando:

Escrever premissas é um ótimo exercício para praticar a criatividade, a síntese e a objetividade. Pense numa história que gostaria de contar e faça a si mesmo esta pergunta: **sobre o que é a minha história?** Responda em uma frase. Escreva mais de uma frase, várias respostas diferentes.

Depois de assistir a um filme, ou uma série ou acabar de ler um livro, se pergunte: **sobre o que é a história que acabei de assistir/ler?** Crie premissas até perceber que sua storyline reproduz a história do jeito que ela é.

Argumento, Escaleta e Tratamento

Um roteiro para ser escrito ainda pede algo mais do que a premissa. Precisa de uma justificativa — um conjunto de informações que tornam a história mais palpável. Esse conteúdo é conhecido como *Argumento*.

O Argumento é um grande resumo, escrito em prosa, de forma simples, com uma visão geral e clara da história. É mais detalhado do que a premissa e mais dramático, contém sentimentos, emoções e pontos de virada. Os personagens devem ser apresentados com todas as suas características para que se entenda exatamente o papel deles no filme.

Depois do Argumento, e ainda antes do início da escrita do roteiro, existe a etapa da *Escaleta*. Escaleta é uma listagem dos resumos das cenas — em ordem — que vão estar nas partes do roteiro. Ela é uma ferramenta de construção de roteiro.

Não tem formato padrão, mas apresenta quase sempre uma pequena descrição da situação e da ação do personagem. Uma escaleta bem formulada ajuda a visualizar cada cena e sua função no roteiro. A escaleta é feita justamente para tornar a escrita do roteiro mais didática. É muito mais fácil corrigir uma escaleta do que um tratamento de roteiro.

A primeira versão de um roteiro é quase sempre um grande rascunho. Porque o roteiro terá, com certeza, vários tratamentos. *Tratamento* é a revisão do roteiro, em quantas vezes forem necessárias. Não é incomum que um roteiro passe por cinco, dez, quinze ou até vinte tratamentos[1]. A reescrita é parte essencial do trabalho do roteirista.

> Em Inglês:
>
> Argumento é treatment.
>
> Escaleta é outline.
>
> Tratamento é draft.

Elementos do Roteiro

Enredo, *Personagem*, *Tempo*, *Espaço*, *Causa* e *Modo*.

- Enredo: **o que** aconteceu.
- Personagem: **(com) quem** aconteceu.
- Tempo: **quando** aconteceu.

- Espaço: **onde** aconteceu.
- Causa: **por que** aconteceu.
- Modo: **como** aconteceu.

Esses elementos correspondem às perguntas básicas do jornalismo: *what* (o quê), *who* (quem), *when* (quando), *where* (onde), *why* (por quê) e *how* (como).

Enredo: (trama) é o conjunto de acontecimentos da história. As partes do enredo são determinadas pelo conflito — o elemento básico da dramaturgia, o fator que leva os personagens à ação. O conflito é o motor da história. Sem ele, não há história. O conflito precisa ser forte e envolvente, mover a história, provocar tensão e dramaticidade. É elemento-chave. Em torno do conflito se organizam personagens, ações e estrutura. O(s) conflito(s) produz(em) a mudança da situação inicial para a situação final da história.

Personagem: (principal ou protagonista) é quem faz a ação acontecer já que a história está centrada nele. O que ele quer? O que ele enfrenta para conseguir o que quer?

- o personagem quer algo — tem um objetivo;
- algo o impede de ir atrás de seu objetivo —

obstáculos/problemas/desafios;

- ele age para conseguir o que deseja — enfrenta os desafios.

A ação faz o protagonista se mover. Os personagens secundários dão apoio às ações do enredo. O antagonista é o opositor do protagonista, e dificulta as situações. Entre o início e o fim da narrativa, estabelece-se o arco dramático do personagem:

- No início, há a apresentação do personagem em seu contexto e, às vezes, uma pista do que ele deseja, de seu objetivo na narrativa.

- O arco começa a se desenvolver no sentido crescente de dramaticidade e surge o obstáculo que o protagonista terá que enfrentar.

- Então, é o momento de estabelecer quem são os amigos e os inimigos, e se preparar para o desafio.

- A sequência do arco mostra o enfrentamento e a vitória diante do desafio.

- Enfim, em um ritmo mais calmo, decrescente em dramaticidade, a história chega à sua resolução.

Figura 10: Arco dramático

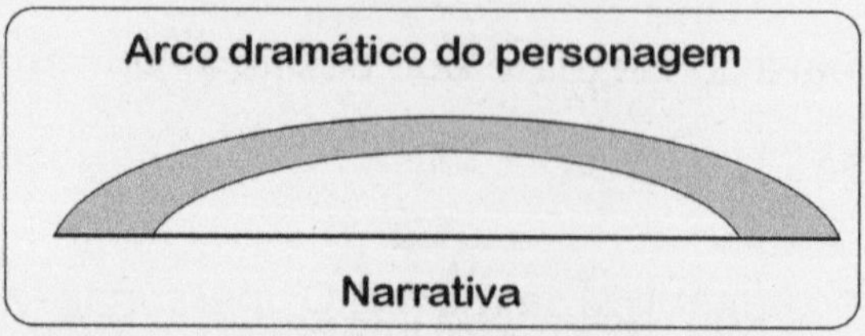

Fonte: elaborado pela autora (2025).

Tempo: é o período em que a história acontece e pode ser cronológico ao seguir a ordem natural dos acontecimentos ou psicológico ao misturar passado, presente e futuro.

No livro *Memórias Póstumas de Brás Cubas*, de Machado de Assis, o começo é o personagem central, o protagonista, contando o seu próprio enterro. E, toda a narrativa segue na primeira pessoa, contada pelo narrador/protagonista que morreu no início da história. Assim, conhecemos a história do morto contada pelo próprio morto! Machado é o precursor do realismo na literatura brasileira.

Espaço: é o lugar onde se passa a ação. Um elemento visível, como a cidade, a praia, a casa. Tempo e espaço normalmente são associados, ajudam a definir o contexto e são importantes para a compreensão da história. Uma narrativa evolui no tempo e no espaço.

Causa: é o motivo pelo qual o conflito da história acontece.

Modo: é como a situação, o conflito e a ação se desenrolam.

Narrador: é o que conta a história e pode contar por diferentes pontos de vista. De forma subjetiva, mais pessoal, como participante da narrativa, ou de forma mais distante sem interferências. A forma de narrar define a narrativa.

O narrador/personagem conta na primeira pessoa, pois é participante da narrativa. O narrador/observador narra o que vê. O narrador onisciente narra com conhecimento dos fatos da história e da ação dos personagens.

Outras definições segundo a professora Cândida Vilares Gancho, no livro *Como analisar narrativas*:

- **Tema:** é a ideia em torno da qual se desenvolve a história. Um tema forte pode tornar a história memorável.

- **Assunto:** é a concretização do tema, ou como o tema aparece desenvolvido.

- **Mensagem:** é um pensamento que pode existir quando a narrativa termina — a moral da história.

- **Ritmo:** é o artifício que mantém o público ligado à história. O roteirista deve equilibrar cenas de ação, de reflexão, de tensão, de calmaria para tornar a narrativa envolvente.

- **Diálogo:** é uma das principais ferramentas para transmitir informações e criar tensão. Os diálogos devem ter propósito claro na história.

- **Reviravoltas:** são importantes para surpreender o público. Elas devem ser plausíveis, sem parecerem artificiais ou forçadas.

- **Estrutura:** deve ser clara e coerente, com um começo, meio e fim. Uma estrutura bem pensada ajuda a manter o foco da história e evitar "barrigas".

Para finalizar, existe um método simples para dar a largada na escrita de um roteiro audiovisual. A AIC — Academia Internacional de Cinema — apresenta uma lista de ações a partir de sugestões de roteiristas profissionais. Em resumo:

- planeje — como tirar a ideia da cabeça e colocar no papel;

- desenvolva sua história — além de uma boa ideia você precisa pesquisar muito;

- defina o conflito do filme — elemento básico da

dramaturgia;

- construa personagens consistentes dentro da curva dramática;
- faça o argumento;
- desenvolva cada cena na escaleta, a estrutura do roteiro;
- escreva o roteiro;
- revise;
- mostre para alguém;
- faça novos tratamentos.

O roteiro cinematográfico é a base da linguagem audiovisual. A linguagem audiovisual é hoje o recurso mais usado no mundo das narrativas digitais. A ideia é conhecer esse universo para usar recursos e elementos na produção de conteúdo de um vídeo curto sem preconceito às regras. A sua escrita para audiovisual, cinema, vídeo e TV vai sair ganhando se você olhar para conceitos e definições de forma livre, sem contaminação. Muitas vezes, ideias simples, aquelas que a gente não liga, acabam rendendo grandes histórias se pensadas a partir de conceitos teóricos.

Concluindo

Estamos terminando a segunda parte deste livro, O **Meio: Caminhos Possíveis**. Você percebe que há muitos caminhos e parecem impossíveis! São muitas informações entrelaçadas. São muitos conceitos semelhantes. Concretiza-se o desafio de alinhar a base de conhecimento e a aplicação desse conhecimento no ofício de jornalista, comunicador e produtor de conteúdo digital.

Imagino que pode estar se sentindo mais ou menos assim:

> *Para criar um conteúdo em vídeo, tenho que escrever um roteiro a partir de uma premissa, a ideia central da minha história, com vários elementos como tempo e espaço, em uma estrutura narrativa que apresente os conceitos aristotélicos de começo, meio e fim, mas que depois permita me libertar e criar, do meu jeito, o elo emocional, a tal da conexão indispensável do storytelling, pois com isso vou provocar a catarse, a liberação de emoções e sentimentos, assim o público vai perceber o quanto a minha história (narrativa, por que estou fazendo um relato da história) é relevante, aí se engaja, se mobiliza em uma atitude positiva e necessária para a sociedade.*

Ah... mas, ao mesmo tempo, esse público está conectado em outras redes e recebe outras narrativas em vídeo, texto, podcast, foto que disputam um lugar ao sol, ou melhor, o mesmo território digital que a minha narrativa... e ufa!

Respira. Calma.

O saber nunca é demais. A aplicação do saber se faz ao longo de um tempo. Existem estantes e leitores digitais onde você pode ter o volume deste livro guardado. De vez em quando, recorre. De vez em quando, relembra. E segue em frente.

Leia o capítulo a seguir: **Recado 1**. E relaxe...

---

1. Em *Cidade de Deus*, filme de 2002 baseado no romance de Paulo Lins e dirigido por Fernando Meirelles, o roteiro de Bráulio Mantovani passou por doze tratamentos! Veja as diferenças entre o 1º e o 12º em: NEVES, Felipe. Roteiro — Cidade de Deus. Estudos Audiovisuais, 2013. Disponível em: https://estudosaudiovisuais.wordpress.com/2013/05/10/roteiro-cidade-de-deus.

12. Recado 1

O início de uma história tem uma função de alta responsabilidade: convencer as pessoas que dali em diante vão ter, nada mais nada menos, do que a melhor história do mundo!

Se num filme os últimos minutos são os mais esperados, os primeiros são aqueles que fazem as pessoas assistirem ao filme para chegarem aos últimos minutos! Prender a atenção do público é uma grande dor de cabeça. Encontrar os elementos certos, as palavras precisas, a imagem matadora, a ação irresistível! Tornar o início da narrativa perfeito é equilibrar arte e ciência, técnica e paixão.

O começo (abertura, ato 1, introdução, apresentação, situação inicial de uma obra literária, cinematográfica, dramatúrgica, audiovisual) exige dedicação total e absoluta do autor (roteirista, escritor, videomaker). É um momento-chave, pedra angular.

Já pensou sobre como é para um escritor escrever o primeiro parágrafo de um livro?

Imagine ele ou ela, com a primeira página de seu livro à frente, totalmente em branco. Lá está ele ou ela ruminando palavras, pontos e vírgulas, significados, mistérios e surpresas para despertar o leitor. Precisa preencher a página 1 para incentivá-lo a seguir para a página 2. E assim por diante.

Teóricos e estudiosos de gêneros literários fazem lista e listas de primeiros parágrafos fabulosos! Aqueles inesquecíveis ao longo de anos. Muitos livros — no Brasil e no mundo — exibem primeiros parágrafos onde encontramos palavras alinhadas para colocar sentimentos em movimento, provocar interesse, surpresa, humor, mistério, escândalo, tensão, susto! Palavras cuidadosamente escolhidas para dar pistas da história sem entregar. Primeiros parágrafos são emblemáticos, icônicos, marcam gerações de leitores[1]. Escolhi alguns para mostrar aqui[2].

A seguir, perceba o que você sente ao ler os primeiros parágrafos de alguns livros bem conhecidos:

> *Algum tempo hesitei se devia abrir estas memórias pelo princípio ou pelo fim, isto é, se poria em primeiro lugar o meu nascimento ou a minha morte. Suposto o uso vulgar seja começar pelo nascimento, duas considerações me levaram a adotar diferente método: a primeira é que eu não sou propriamente um autor defunto, mas um defunto autor, para quem a campa foi outro berço; a segunda é que o escrito ficaria assim mais galante e mais novo.*

Machado de Assis – Memórias Póstumas de Brás Cubas (1881)

Tudo no mundo começou com um sim. Uma molécula disse sim a outra molécula e nasceu a vida. Mas antes da pré-história havia a pré-história da pré-história e havia o nunca e havia o sim. Sempre houve. Não sei o quê, mas sei que o universo jamais começou. Que ninguém se engane, só consigo a simplicidade através de muito trabalho. Enquanto eu tiver perguntas e não houver resposta continuarei a escrever. Como começar pelo início, se as coisas acontecem antes de acontecer? Se antes da pré-pré-história já havia os monstros apocalípticos? Se esta história não existe passará a existir. Pensar é um ato. Sentir é um fato. Os dois juntos — sou eu que escrevo o que estou escrevendo. Deus é o mundo. A verdade é sempre um contato interior inexplicável.

Clarice Lispector – A Hora da Estrela (1977)

Muitos anos depois, diante do pelotão de fuzilamento, o Coronel Aureliano Buendía havia de recordar aquela tarde remota em que seu pai o levou para conhecer o gelo. Macondo era então uma aldeia de vinte casas de barro e taquara, construídas à margem de um rio de águas diáfanas que se precipitavam por um leito de pedras polidas, brancas e enormes como ovos pré-históricos. O mundo era tão recente que muitas coisas careciam de nome e para mencioná-las se precisava apontar com o dedo.

Gabriel García Márquez – Cem Anos de Solidão (1967)

Quando certa manhã Gregor Samsa acordou de sonhos intranquilos, em sua cama metamorfoseado num inseto monstruoso. Estava deitado sobre suas costas duras como couraça e, ao levantar um pouco a cabeça, viu seu ventre abaulado, marrom, dividido por nervuras arqueadas, no topo de qual a coberta, prestes a deslizar de vez, ainda mal se sustinha. Suas numerosas pernas, lastimavelmente finas em comparação com o volume do resto do corpo, tremulavam desamparadas diante dos seus olhos.

Franz Kafka – A Metamorfose (1915)

Lolita, luz de minha vida, labareda em minha carne. Minha alma, minha lama. Lo-li-ta: a ponta da língua descendo em três saltos pelo céu da boca para tropeçar de leve, no terceiro, contra os dentes. Lo. Li. Ta. Pela manhã ela era Lô, não mais que Lô, com seu metro e quarenta e sete de altura e calçando uma única meia soquete. Era Lola ao vestir os jeans desbotados. Era Dolly na escola. Era Dolores sobre a linha pontilhada. Mas em meus braços sempre foi Lolita. Será que teve uma precursora? Sim, de fato teve. Na verdade, talvez jamais teria existido uma Lolita se, em certo verão, eu não houvesse amado uma menina primordial.

Vladimir Nabokov – Lolita (1955)

No dia em que iam matá-lo, Santiago Nasar levantou-se às cinco e trinta da manhã para esperar o barco em que chegava o bispo.

Gabriel García Márquez – Crônica de Uma Morte Anunciada (1981)

Lembre-se:

Preste atenção às primeiras cenas

do próximo filme ao qual assistir.

Perceba o quanto elas são instigantes.

Na linguagem audiovisual,

as imagens de abertura quase sempre

se conectam com as imagens finais.

---

1. O site Revista Bula fez uma pesquisa com assinantes sobre os melhores parágrafos da literatura universal. Mais de 150 livros foram citados por 2.400 participantes. A amostra não é tão grande, mas no final contempla 15 livros. Veja em: LEITE, Carlos Willian. Os 15 melhores começos de livros da literatura universal. Revista Bula, 2020. Disponível em: https://www.revistabula.com/325-os-15-melhores-inicios-de-livros/.

2. Outros exemplos de primeiros parágrafos da literatura brasileira podem ser encontrados em: CONFIRA o início de cinco parágrafos que marcaram a literatura brasileira. Brazilian Publishers, 2023. Disponível em: https://brazilianpublishers.com.br/noticias/confira-o-inicio-de-cinco-paragrafos-que-marcaram-a-literatura-brasileira/.

O FIM: OPEN ENDING

13. Nas Redes

#storytelling

Self em inglês significa eu, a própria pessoa. Quando se adiciona o sufixo diminutivo *ie*, selfie, a palavra significa euzinho! O ato de fotografar a si mesmo se tornou conhecido por *selfie* — um neologismo que tem origem no termo *self-portrait* que significa autorretrato. Ou seja, a pessoa posa para a foto ao mesmo tempo que se fotografa.

Fotografar a si mesmo — ou a si mesmo junto de seu grupo — como as populares selfies dos nossos dias, tem a finalidade de compartilhamento nas redes. São conteúdos que atingem alta popularidade na internet.

> ***O Oxford English Dictionary*** escolheu **selfie** como a palavra do ano de 2013. Os editores justificaram a escolha: a palavra evoluiu do uso nas mídias sociais para a informalidade coloquial, no mundo inteiro.

> A palavra **selfie** é definida assim no *Dicionário Oxford*: "Uma foto sua que você tira, normalmente com um smartphone ou webcam, e geralmente publica nas redes sociais."

O formato selfie, se autofotografar, hoje um elemento de comunicação associado à cultura digital, se desenvolveu para o *protagonismo selfie*. As pessoas querem se ver e serem vistas. Protagonizar o perfil é construir um personagem, uma identidade virtual, com os recortes dos acontecimentos de seu cotidiano.

Milhões de pessoas usam as redes sociais para mostrar o que fazem no dia a dia, registrar acontecimentos da vida, manhã, tarde, noite, madrugada, em casa, no hospital, na escola, nas ruas, no avião! Um diário público e aberto.

Antigamente, os diários eram secretos, confidenciais. Eram cadernos exclusivos, particulares, para escrever o dia a dia e também desabafar emoções, sentimentos inesperados, angústias, tristezas e alegrias. Os diários eram pessoais, íntimos, subjetivos e viviam bem escondidos. Agora, o diário do protagonista trafega pelos caminhos digitais com liberdade ampla e irrestrita, aberto, fervendo de opiniões e patrocínios correndo atrás dos cliques e compartilhamento.

Plataformas e redes têm suas peculiaridades e específicas

ferramentas de publicação. São facilitadoras da comunicação entre as pessoas, permitindo o compartilhamento de conteúdo em fotos, vídeos e textos. Por meio delas, os usuários têm acesso a notícias, expressam opiniões, criam diálogos interativos e acompanham lives, eventos em tempo real. A interação é uma das características mais importantes, pois é o relacionamento entre os frequentadores que comanda a movimentação dessas características.

Há redes com propósitos próprios e públicos específicos:

- O *LinkedIn* é a rede específica para relacionamento profissional. Networking, desenvolvimento de carreiras, conexões de negócios, divulgação de vagas e currículos. Tem um público com a expectativa de se relacionar profissionalmente.

- O *Instagram* é amplo. Tem merchandising digital, vídeos curtos, fotos em carrossel, textos em posts, temas variados e frequentadores diversificados tanto pelo lado de quem publica como pelo lado de quem consome os conteúdos.

- O *YouTube* é uma plataforma de compartilhamento de vídeos de entretenimento e informação. Os usuários não exigem vídeos curtos ou rápidos. Assistem a tutoriais, aulas, cursos, palestras, filmes, programas com tranquilidade, comentando, se divertindo e aprendendo.

A se pensar em uma produção de conteúdo digital é preciso analisar o que cada rede se propõe para decidir onde publicar. E só depois, planejar *como*. O formato de sua história — como você quer contar a sua história — deve estar de acordo com o formato da ferramenta de publicação da plataforma que você escolher para publicar. O que quer dizer que um conteúdo para uma plataforma raramente terá funcionalidade em outra plataforma.

Relembre:
As redes sociais têm mais de 5 bilhões de usuários no mundo o que equivale a 62% da população mundial.
No Brasil, são mais de 144 milhões de usuários e representam 66,3% da população conectada a pelo menos uma das redes, segundo dados do relatório *Digital 2024 Global Report*, citado no Capítulo "Panorama Digital".
O fenômeno, que começou há cerca de vinte anos com a criação das primeiras plataformas como Friendster e MySpace até o aparecimento

do Facebook, Instagram, TikTok e outras, mudou radicalmente a forma como nos comunicamos e ainda se tornou ferramenta de negócios.
Com base na interação, em vários níveis, de seus frequentadores, se aperfeiçoam cada vez mais para manter as pessoas o maior tempo possível transitando por elas. A consolidação desse tipo de comunicação resultou em muitas transformações nos últimos tempos, entre elas, com enorme significado, o surgimento do marketing digital — a relação cada vez mais personalizada entre consumidores e marcas.

A cada dia, mais pessoas se conectam à internet, o que incentiva a nova forma de comunicação e também a inovação das narrativas digitais. As narrativas envolvem cada vez mais o uso de tecnologia, exigindo mais uma competência do produtor de conteúdo: atualização. A captação de imagem e som cresceu em melhoria e qualidade multiplicando opções para criadores que optam pela linguagem audiovisual. É o formato que tem maior alcance em popularidade e atinge alto envolvimento do público.

Com uma mensagem em audiovisual, você é capaz de não somente transmitir as informações que deseja de forma simples e acessível como construir a conexão emocional para obter resultado positivo com as pessoas que a assistem. O conteúdo audiovisual é rico, atraente, mobilizador, com várias possibilidades a oferecer:

- Concisão: mensagens diretas e objetivas.
- Compreensão: entendimento fácil, com começo, meio e fim.
- Interesse: a presença do conflito, para fixar a atenção.
- Autenticidade: transparência e fatores de credibilidade.
- Identificação: temas do cotidiano criam empatia.
- Interatividade: participação em comentários, cliques, enquetes.
- Conexão: o elo emocional.
- Engajamento: as pessoas lembram mais o que veem (e ouvem) do que aquilo que leem.
- Autenticidade: transparência e credibilidade, para tornar a comunicação valiosa.
- Produção: smartphones e aplicativos de edição são simples de usar e permitem vídeos de ótima qualidade.

- Episódios: em capítulos, histórias mantêm vivo o interesse das pessoas.
- Educação: aulas, cursos, manuais, tutoriais disponíveis, em horários livres. Muito eficazes para o aprendizado.
- Informação: opções diversificadas.
- Entretenimento: opção ideal.
- Consumo útil: conteúdo direcionado.
- Vendas: decisões de compra se tornam mais rápidas com a oferta de oportunidades.
- Compartilhamento: alta visibilidade.

Estratégias

Boas histórias podem surgir de maneira espontânea. Mas, se você quiser garantir que elas tenham alcance desejado, já vimos por aqui que, pelo menos para dar a partida, precisamos de recursos conhecidos, criados há milênios, aprimorados ao longo de séculos e repensados de forma moderna. Está lembrado, certo?

A conexão, o elo emocional, a identificação, as referências, o conflito — mecanismos de storytelling — podem ser adaptados aos interesses do público de cada nicho, de cada rede. A estrutura — começo, meio e fim, pontos de virada, clímax, desfecho — do cinema e da dramaturgia representa a ponte sólida para onde se quer chegar. Obviamente, depende de cada criador querer aproveitar.

Ao integrar elementos da narrativa com recursos específicos de uma plataforma digital, você transforma seu conteúdo em histórias para boa repercussão com seguidores. A ideia é combinar conteúdo e formato:

Narrativa Digital =

Conteúdo (elementos da narrativa) + Formato (ferramentas da plataforma)

Equação simples, mas sabemos que não é tão simples assim. E, tem uma questão: se cada elemento tem um papel próprio na construção de uma narrativa, funciona usar todos os elementos juntos? Penso que o "pulo do gato" é escolher quais elementos usar *a partir da essência da mensagem*.

Ou seja, perceber os elementos mais úteis para comunicar seu conteúdo naquele momento de forma rápida e envolvente. Não há padrão. Depende do tema da mensagem. A essência da história.

Podemos classificar os formatos, pela popularidade e pelo

maior grau de interesse:

- **Posts sequenciais:** a divisão da narrativa em episódios. *Posts só com texto* ou *posts com textos e fotos*, publicados durante alguns dias, em sequência. Com uma ressalva importante: dialogando entre eles como capítulos de uma novela. Mesmo curtos, cada um pode trazer uma mensagem e uma chamada para o *capítulo* seguinte. Além de prender a atenção, cria expectativa. Trabalha com a conexão emocional.

- **Fotos em movimento:** os vídeos são perfeitos para o mundo de hoje, mas considerar fotografias em movimento é uma estrutura interessante. O carrossel é uma apresentação de fotos leve e sustentável.
  Fotos são, na maioria das vezes, o congelamento de momentos importantes. Bem escolhidas, são impactantes e emocionantes. Quando publicadas em sequência, cada uma tem sua mensagem e, juntas, contam a história.
  Em modo de apresentação, como slides sequenciais, a história fica nas mãos do público ao clicar para avançar e retroceder. Todos se envolvem na narrativa e assistem no seu ritmo. Além da interatividade, trabalha com expectativa.

- **Jornada do herói:** o relato contando as dificuldades,

os erros, os momentos difíceis pelos quais passa o protagonista tem poder de gerar identificação e empatia. Ao mostrar a sua jornada em uma situação da vida, a partir de um arco do personagem com começo, meio e fim, e usando passos da trajetória do herói, a narrativa será bem mais valiosa do que se for usado o estilo descritivo. A Jornada do Herói, estrutura criada a partir dos estudos de mitologia do professor Joseph Campbell, usada em muitos roteiros cinematográficos com enorme sucesso, está detalhada no Capítulo **Estruturas**.

Exemplo:

Em 2020, a Unilever Brasil fez uma doação de produtos Dove e equipamentos de proteção para várias instituições de combate à pandemia da Covid-19. Para divulgar o gesto, construiu uma narrativa digital de impacto e emoção utilizando a hashtag #ACoragemÉLinda. Em 12 de maio de 2020[1], a empresa publicou em seu perfil no Instagram uma sequência de fotos em 3x4 dos rostos de profissionais da linha de frente do combate. Com as fotos, foi criado um vídeo, onde elas aparecem em movimento lento e dramático. Os rostos, marcados pelo uso das máscaras, expressam exaustão.

Qual é a essência da mensagem? Não é a doação que a empresa

fez. É a homenagem à coragem dos profissionais — heróis do combate à pandemia.

Qual o formato? Fotos em movimentos sequenciais do mesmo modelo. A escolha da mensagem e do formato teve um significado maior. O conteúdo usa storytelling em uma estrutura de começo, meio e fim em que as fotos em movimento narram uma história, que se conecta ao público pelo fator emocional, uma vez que as pessoas sentem gratidão naquele momento pelo trabalho que os profissionais da saúde estão realizando. A conexão resulta em empatia. A mensagem se torna relevante e inesquecível.

Buscar práticas eficientes é sempre um desafio. Se antigamente as narrativas se desenvolviam em textos, agora os conteúdos em imagem estão nas tendências. Mas amanhã, ou depois, outros formatos surgirão. As empresas aproveitam os contextos das redes sociais para planejar e organizar suas estratégias de marketing. As mudanças constantes das tendências nas redes sociais, por outro lado, exigem múltiplas atuações e fluxo constante para aumentar visibilidade, engajamento e interação.

Exercitando

Vamos tentar planejar, a partir de perguntas e respostas, uma estratégia para sua história em vídeo na rede social?

- Pense: qual história você quer contar ? E por quê?

- O que exatamente você deseja passar com a sua história? É uma história profissional? Ou é algo do dia a dia?
- Quem você quer que conheça essa história? Quem você deseja alcançar? Por quê?
- Onde você pretende publicar sua história? Qual é a melhor plataforma?
- Com essas informações, você já definiu seu conteúdo, o público e a plataforma de publicação. Vamos continuar.
- Como você quer apresentar a sua mensagem? Qual será o formato?
- O que você prefere: fotos ou imagens em movimento?
- Você vai conduzir a história? Você é o protagonista da sua história?
- Qual é o desafio (problema/conflito) que existe nessa história? Lembre-se: ele move a narrativa.

Bem, agora você tem um rascunho da sua história. Um projeto para organizar o plano de ação para a produção, para definir o uso de estrutura e storytelling. Lembre-se das dicas de roteiro. Pense em um início impactante.

Passos básicos

Desde que se entenda que existe um mundo digital repleto de vídeos, alguns muito bons, para o seu se destacar, existe um trabalho árduo a ser feito. Além do roteiro pensado a partir da estrutura e do storytelling, há a questão da qualidade de captação de imagem e som.

Não dá mais para gravar vídeos para a internet sem critérios técnicos básicos, porque o público está acostumado com os vídeos online, sabe exigir qualidade e clareza. Vamos considerar alguns passos para o planejamento de uma obra audiovisual:

1. Planeje a captação de som e imagens. Se não, você pode ter que gravar uma, duas e muitas vezes até chegar ao resultado que deseja.

2. Crie um roteiro. Pode ter muitos detalhes, ou pode ser bem simples, mas tenha em mãos um guia para ajudar na gravação.

3. Cheque equipamentos de captação de áudio, vídeo e de iluminação. Não existe sair para gravar sem testar. Tenha baterias extras.

4. Redobre a atenção com o áudio. É tão fundamental quanto a imagem. Se não tiver qualidade na gravação, dificilmente

se recupera. Microfone também tem que ter qualidade.

5. Como é o local da gravação? Interno ou externo? Há barulho? É espaçoso? Tem profundidade?

6. Como é a luz. É adequada? Qual equipamento precisa? Ring light? Está carregada?

7. Enquadramento, dependendo da plataforma, muda. Fique atento, a escolha do enquadramento depende da ferramenta da plataforma, portanto, pode ser vertical ou horizontal.

8. Tenha sempre um Plano B.

Horizontal ou vertical

Com o cinema e a TV, sempre nos acostumamos a assistir à imagem na horizontal (em telas alongadas para o lado), porque a nossa visão é horizontal. Há algum tempo, segurar uma câmera na vertical e gravar vídeos na vertical era incomum. Mas agora as pessoas estão assistindo a vídeos mais do que nunca em seus smartphones. Assim, as tendências de consumo de vídeo foram mudando, como também a produção deles.

O sentido vertical da tela dos smartphones influencia a

produção de conteúdo, até mesmo criando discussões sobre qual tem melhor usabilidade — o eixo vertical ou o tradicional eixo horizontal. Os formatos vertical e horizontal são diferentes, mas não excludentes em suas necessidades.

- Vídeo vertical: aquele que é mais alto do que largo. Ele ocupa a tela inteira de um celular e concentra a atenção total no vídeo reproduzido.

- Vídeo horizontal: aquele que facilita o alinhamento dos nossos olhos, assim como nos filmes na tela do cinema e programas de TV. O formato horizontal mostra melhor o ambiente da cena do que o formato vertical.

A jornalista pernambucana Wanessa Andrade é especialista em usabilidade de vídeo online. Ela se aprofundou em análises sobre o impacto da internet na comunicação e na sociedade no curso de Mestrado do ISCTE (Instituto Universitário de Lisboa, Portugal).

Mas, antes disso, no seu dia a dia de trabalho como repórter e apresentadora dos telejornais da TV Globo Pernambuco, Wanessa percebia as dificuldades das pessoas em gravar vídeos no formato horizontal, para serem reproduzidos na TV. O hábito da imagem verticalizada já estava instituído. Veja como ela relembra esse momento.

"Grave as imagens e envie para nosso WhatsApp. E para

que o vídeo possa ocupar toda a tela, você deve gravar com o celular nesta posição: deitado", disse eu, tantas vezes na apresentação do telejornal local NE2 na TV Globo Pernambuco.

Em 2015, a TV Globo resolveu usar o WhatsApp como canal oficial para receber colaborações dos telespectadores. Naturalmente, a maioria das imagens chegava gravada na vertical já que vinham diretamente da captação dos celulares.

Houve uma tentativa, durante meses, mais de um ano até, de convencer o público a gravar vídeos no formato televisivo, horizontal. Mas, basta assistir a um telejornal hoje, que fica claro: venceu a usabilidade do celular.

Ganhamos o céu e perdemos o horizonte, ouvi numa palestra e peço desculpas porque não lembro quem fez a citação. Define tão bem, que trouxe a frase mesmo com esse lapso. O horizonte nos dá contexto e profundidade de imagem.

Imagine uma cena de um filme — sugiro Paris Pode Esperar, quando as personagens de Diane Lane e Arnaud Viard fazem um piquenique à beira do rio. A cena vista no formato vertical ou na tela do celular — mesmo que tivesse sido gravada para esse formato —, certamente não seria tão encantadora como no formato horizontal, na tela do cinema ou mesmo na tela da TV.

Se uma reportagem de TV que tem por objetivo mostrar a quantidade de pessoas numa manifestação, já é muitas vezes um recorte impreciso com a imagem captada na horizontal, imagina captada no formato vertical. Por outro lado, o céu dá ao narrador uma centralidade, um olho no olho, que gera uma ligação fortíssima explicada pela neurociência, a conexão via expressões faciais. É o formato automático de consumir conteúdo no aparelho de comunicação mais popular da atualidade, entre o Oriente e o Ocidente.

Se, quando comecei em TV, no início do século, a forma dizia respeito ao como contar a história e quais equipamentos de captação usar, agora, antes de criar um conteúdo audiovisual, temos que pensar em qual plataforma vai ser visto.

É para rede social? Qual? Se for para o YouTube, o vídeo deve ser gravado na horizontal. Mas, para TikTok e Instagram, na vertical.

Todo mundo quer que seu conteúdo seja visto e curtido pelo maior número possível de pessoas. Por isso, aproveitar a força de cada formato com conteúdo criativo feito à medida para cada plataforma é tão importante. Pensando em uma fórmula para resumir, podemos dizer: conteúdo + formato = usabilidade.

Wanessa Andrade jornalista – Mestre em Estudos da Internet

Concluindo

Se *flopar*, aproveite.

A palavra flopar vem do inglês *to flop* e significa fracassar ou falhar. Quando algo flopou, significa que não teve sucesso ou não alcançou o resultado esperado. O termo se popularizou nas redes por se referir a postagens com baixo alcance e poucas interações em relação ao planejamento previsto. No TikTok, enquanto um vídeo com poucas visualizações flopa, outro, às vezes até mais simples, vira hit.

Por maior que seja o esforço de uma equipe ou de um solitário produtor de conteúdo, o compartilhamento de ideias pode não render. Se o conteúdo estiver ligado ao marketing de produtos e à exposição de marcas, pode não resultar em vendas. O fato de um conteúdo não desempenhar positivamente depende de um conjunto de fatores, e, muitas vezes, das expectativas em torno daquele conteúdo. Mas não é sinal de que tudo acabou.

Aqui o foco não é avaliar performances de narrativas digitais — indicadores, desempenho, permanência, visitantes, conversão, e outras nomenclaturas. O que considero aqui é o aprendizado. Por isso, *se flopar*, aproveite. Aproveite para refletir! Entendo que o melhor negócio é aprender com as experiências. Não deixar de observar o que pode melhorar, o que pode mudar.

---

1. A hashtag foi #ACoragemÉLinda. O post está em: UNILEVER Brasil. #ACoragemÉLinda [...]. [Post]. [S. l.], 12 maio 2020. Instagram: @unileverbrasil. Disponível em: https://www.instagram.com/p/CAGNpDMA1KD. Acesso em: 5 jun. 2025.

14. No Jornalismo

#storytelling

> *O jornalista trabalha sobre a dramaturgia do cotidiano. Organiza fatos da forma mais exata, objetiva, atraente e palatável possível. Isso inclui a possibilidade de dramatizar, provocando a imaginação do público, apontando mistérios, sublinhando encantos, enfim, exercitando seu storytelling.*
>
> Lucas Paraizo – jornalista e roteirista – Workshop Dramaturgia e Telejornalismo (2016)

"Quando rejeitamos uma única versão de uma história, quando percebemos que nunca há apenas uma única história, reconquistamos um tipo de paraíso."

Essa frase é de Chimamanda Ngozi Adichie, escritora nigeriana reconhecida como uma das autoras que fez a literatura africana contemporânea se tornar global.

Em 2009, aos 32 anos, Chimamanda apresentou uma palestra na conferência TEDGlobal[1] intitulada "Os Perigos de uma História Única". Ela contou como encontrou a voz autêntica e própria, a sua voz africana no mundo, e alertou para o fato de que, ao se ouvir apenas uma única versão de uma história, sobre qualquer assunto, se corre o risco de perpetuar em definitivo um grande mal-entendido.

> *É impossível falar sobre uma história única sem falar sobre poder. Há uma palavra, uma palavra da tribo Igbo, que eu lembro sempre que penso sobre as estruturas de poder do mundo, é a palavra "nkali".*
> *É um substantivo que livremente se traduz: "ser maior do que o outro". Como nossos mundos econômico e político, histórias também são definidas pelo princípio do "nkali".*
> *Como são contadas, quem as conta, quando e quantas histórias são contadas, tudo realmente depende do poder. Poder é a habilidade de não só contar a história de outra pessoa, mas de fazê-la a história definitiva daquela pessoa.*

Chimamanda Ngozi Adichie – Os Perigos de uma História Única (2009)

Não basta fazer rimas para ser um poeta. Não basta saber ler para ser escritor. Assim, não basta contar histórias para ser um *storyteller*.

Nós, jornalistas, somos storytellers. O manual *The Television Storyteller*, de 1994, elaborado por uma equipe de jornalistas e profissionais da CBC, simples, prático e didático, reúne uma série de orientações de jornalistas sêniores da emissora na época. É uma brochura espiralada que, mesmo em amareladas páginas, permanece útil. Já dizia:

> *Jornalistas de TV são os herdeiros da mais antiga e universal tradição de contar histórias. O jornalismo de televisão é maravilhosamente adequado ao clássico storytelling.*

O livro recomenda aos jornalistas — e também aos comunicadores, criadores e produtores de conteúdo envolvidos em audiovisual — para ter uma preocupação primária, mas vital: realizar a melhor apuração possível de uma notícia, se desejam descobrir:

- A verdade: o que realmente está acontecendo? Quantas interpretações (versões) existem de um fato? E o que significam?

- Os acontecimentos: perguntar quem, o quê, quando, onde e por quê fornece o conhecimento iniciante sobre a notícia. São apenas o pano de fundo para despertar (provocar) entrevistas, personagens e novas informações relevantes para o roteiro.
- O contexto: a história além. Os acontecimentos anteriores à notícia atual são determinantes para dar sentido à notícia.
- O foco: a apuração rigorosa levanta pontos de vista diferentes, o que permite descobrir qual é a história a ser contada.
- Boas imagens: não há qualquer dúvida! Se o audiovisual necessita de imagens para mostrar a notícia, a apuração faz elas aparecerem.
- Pessoas interessantes.
- Perguntas interessantes para fazer a pessoas interessantes.
- Lugares interessantes para gravar perguntas interessantes a pessoas interessantes.

Está aí a excelência do nosso trabalho jornalístico. A lista é pequena e necessária para encontrar o caminho e não se perder. A nossa credibilidade — a base do jornalismo, a pedra fundamental — está intrinsicamente ligada à habilidade e à disposição de apurar e checar de forma intensa, profunda e irrestrita todas as informações de uma notícia.

Apurar, checar e confirmar informações requer paciência, persistência, determinação. Entre outras recompensas, ajudará a desvendar pontos preciosos para o entendimento e a clareza da história que se quer contar.

Prender a atenção das pessoas é o oxigênio da história. Um fator primordial da narrativa. No caso das histórias jornalísticas, o oxigênio traz no DNA histórias obrigatoriamente reais e verdadeiras. Reportagens são como *narrativas documento* e diferem de outras classes de narrativas exatamente porque o produto jornalístico é sobre acontecimentos reais.

No jornalismo contemporâneo, temos o jornalismo *hardnews*, informativo, direto, objetivo, clássico, descritivo. E o jornalismo storytelling une a precisão de fatos e informação com mecanismos para cativar as pessoas. O storytelling é uma ferramenta que permite aos jornalistas transmitirem elementos complexos do hardnews e ao mesmo tempo despertar conexão emocional com o público. É o jornalismo que informa, comove, inspira e mobiliza.

No workshop "Que História Quero Contar?", em 2017 na TV Globo, o repórter Pedro Bassan gravou um depoimento sobre o processo criativo dele em matérias jornalísticas. Veja como a abordagem é interessante.

> *No jornalismo de TV, o que podemos fazer é contar pequenas histórias como mininovelas, para prender a atenção das pessoas, pois esse é o melhor formato. Transformar nossas matérias em mininovelas, obviamente com todas as ressalvas feitas como fidelidade aos fatos e ética jornalística.*
> *Também usar elementos simples que criam empatia. O personagem, muitas vezes, é um ponto de partida. Quando você tem uma história para contar, o personagem cria uma ligação imediata das pessoas com a reportagem. Se consigo dar uma característica a mais sobre ele, já vou conseguir dar um passo para criar a identificação com quem está acompanhando a reportagem.*
> *Criar a empatia do nosso personagem com as pessoas é nosso desafio fundamental. Nem sempre é fácil, não é tão simples, mas sempre é possível buscar a identificação do público com o personagem da matéria.*
>
> Pedro Bassan – Repórter

Lucas Paraizo declara que o jornalismo é a dramaturgia do cotidiano. Pedro Bassan identifica a reportagem com uma mininovela. E o professor Timothy E. Cook (1954–2006) comprova a semelhança entre noticiário e dramaturgia.

Cook foi pesquisador e professor de Comunicação de Massa da Universidade de Louisiana. Ele se tornou conhecido pelos estudos que fez sobre interação entre política e mídias no livro *Governing With the News* (Governando Com as Notícias, em tradução livre) de 1989, que posteriormente foi revisado por vários outros autores e continua sendo estudado até hoje.

Em dezembro de 2011, a *Revista Brasileira de Ciência Política* reproduziu o artigo "Jornalismo Político", escrito por Cook, onde ele explica que notícias não são fatos isolados, e ao serem estruturadas como histórias e elementos de dramaturgia, se comprometem com a missão do jornalismo.

> *Primeiro, qualquer história do noticiário tem as características da narrativa dramatúrgica — protagonistas e antagonistas, conflito, movimento e solução, pelo menos momentânea.*
> *Além disso, os repórteres gravitam na direção de sagas continuadas que podem lhes dar um processo de cobertura de mais de um dia. Isso não só ajuda a gerar histórias para hoje como ajuda a gerá-las para*

amanhã.

E também lhes dá a chance de realizar uma missão venerável do jornalismo — indicar onde as coisas estão e aonde vão, de tal modo que o público possa reagir de acordo e intervir, se necessário.

Timothy E. Cook – Revista Brasileira de Ciência Política (2011)

Sendo assim, não custa lembrar que é indispensável à matéria jornalística:

- veracidade: fatos verdadeiros e confirmados mostram uma visão objetiva da realidade;
- imparcialidade: perspectiva equilibrada, dando voz às partes envolvidas na notícia;
- clareza e concisão: informações exatas, claras e diretas, que não deixam dúvidas;
- ética: responsabilidade, precisão, honestidade. A busca da verdade não termina nunca;
- confiabilidade: fontes especializadas com credibilidade indiscutível validam as informações.

Um método

Assim, entendemos que para uma notícia se tornar uma narrativa temos que combinar fatos e informações (apurados e checados) com elementos de referência de construção de uma história, como estrutura, sem comprometer a precisão e a objetividade jornalística.

Ao incorporar storytelling ao hardnews, não somente apresentamos a notícia ao público, mas promovemos o envolvimento do público com a notícia em um nível mais profundo. O que pode fazer toda a diferença para quem produz conteúdo na internet.

Desta forma, precisamos de:

- **Ponto de vista:** quem é o narrador, o personagem ou você?
  Decida sob qual ponto de vista a notícia será contada; isso influencia em como a história é percebida.

- **Gancho:** como você prende a atenção desde o início?
  Pode ser uma imagem intrigante. Ou uma pergunta ("você já viu algum buraco do tamanho de um prédio de vinte andares ter sido provocado por uma chuva?").

- **Personagem principal:** o protagonista. Identifique entre as pessoas envolvidas na situação aquela que vai representar a relevância do tema e criar a empatia com o público.
  Em um acidente pode ser a vítima, a testemunha ou o especialista. Pessoas que estão vivendo aquela situação e vão dar à narrativa um toque pessoal e envolvente. A história deles faz sentido para o público.

- **Linha do tempo:** organize as informações usando uma estrutura com começo, meio e fim, como um paradigma da dramaturgia em Três Atos. E também os preceitos de Aristóteles, prólogo, episódio e êxodo. Lembra?
  Mostre o contexto e o gancho na situação inicial, uma informação que instigue o público. Apresente o histórico, o conflito, com as informações dos personagens e desenvolva a situação. Chegue à resolução e mostre as consequências daquele acontecimento.

- **Ambiente:** mostre onde acontece a situação para ajudar a criar o contexto imersivo. As pessoas gostam de entender onde a notícia está acontecendo.

- **Emoções:** ao identificar o público com o personagem, você desperta sentimentos como felicidade, medo, solidariedade, esperança.

No jornalismo, nada mais nada menos do que o artifício que faz as narrativas jornalísticas serem lembradas.

- **Tensão:** o conflito mantém o público ligado. O problema da moradia, a investigação do assalto, a briga por direitos. E, a expectativa da resolução faz as pessoas se fixarem na narrativa.

- **Texto:** direto, preciso, conciso. Coloquial, autêntico. Frases nem curtas nem longas com ritmo, com pausas pequenas. Sem rimas, sem versos, sem citações.
Mais substantivos e menos adjetivos. Jornalismo é jornalismo.

- **Visual:** fotos, letterings, infográficos tornam a notícia rica, completa e as informações acessíveis.

- **Reflexão:** faça sua reportagem levar as pessoas a considerar atitudes, posturas e mobilização em relação ao assunto abordado.

Um exemplo

- A pauta: o impacto da pandemia em pequenas empresas de uma cidade de médio porte.

- Informações: dados sobre empresas que fecharam, funcionários doentes, demissão de funcionários, perdas e prejuízos financeiros, estoque encalhado, contas vencidas, queda de renda familiar.
- Entrevistas: dono de empresa, funcionários, economista.

No jornalismo hardnews, você faz um texto descritivo, um relato, com os números (importantes) que comprovam a situação factual existente. Acrescenta entrevistas com o dono da empresa, funcionários e/ou economista. Mas...

No jornalismo storytelling você conta a situação das pequenas empresas a partir da história do dono de uma delas, o personagem principal da matéria. *Ele vai explicar com sua própria voz* como se tornou empresário, como cresceu e o que aconteceu na pandemia. Os seus medos e desafios, o prejuízo, a demissão de funcionários e o que pretende fazer. A entrevista com um funcionário se incorpora à narrativa para corroborar a história. Os números, importantes para a credibilidade, são inseridos em formatos de arte ou na fala do economista.

A abordagem apoiada por storytelling humaniza a notícia. Cria o elo com o público. Encontra receptividade nas pessoas que vivem situação semelhante. E se dá a conexão com empatia, o que torna a narrativa relevante.

O repórter Felipe Santana, correspondente internacional, tem um entendimento claro da construção de uma narrativa para jornalismo. O depoimento dele é do workshop "Que História Quero Contar?" de 2017.

> *Pra colocar o motor da história pra funcionar tem que se perguntar:*
> *O que essa história significa?*
> *O que ela representa nesse momento?*
> *Como ela interessa para todo mundo?*
> *Todo mundo tem em maior ou menor grau a capacidade de sentir empatia. Quanto antes a gente identificar o motor da história, a gente pode começar a transformá-la numa narrativa, e para isso o trabalho já vem sendo feito há milênios. Epopeia, drama, comedia, fábula!*
> *Então é usar os mecanismos que já foram inventados para transformar sua história numa narrativa. Seja ela de qual tipo for.*
> *Mas também você precisa descobrir que narrador quer ser.*
> *Eu escolhi ser ao mesmo tempo narrador e telespectador.*
> *Você vira o personagem da história.*
> *No dia a dia, descobrir qual é o ponto de virada da história é uma boa saída. Porque toda história, não*

importa o gênero, tem ponto de virada, começo, meio e fim.

Felipe Santana – Repórter

Jornalismo
#inteligenciartificial

Uma questão do presente que nos leva ao futuro. E em verdade, não se estabelece como foco aqui e agora. No entanto, para não dizer que não falei das flores, ou melhor, de Inteligência Artificial... Vamos a ela.

"Jornalismo antes e depois da IA — conversa entre duas gerações de repórteres." Esse é o título da palestra-diálogo criada por dois amigos, os jornalistas Edney Silvestre e Ben-Hur Correia.

Os repórteres, ex-correspondentes internacionais em épocas distintas, falam sobre a trajetória profissional com ênfase nas experiências que as mudanças tecnológicas impõem às coberturas jornalísticas. Realizaram o bate-papo em várias instituições de ensino e na Academia Brasileira de Letras, durante o ano de 2024.

Edney, entre detalhes do seu fazer jornalístico, recorda as dificuldade na cobertura do atentado de 11 de setembro de

2001, em Nova York. Ele e o cinegrafista Orlando Moreira foram os primeiros a chegar ao local. No meio do caos, a câmera de Orlando, que ele carregava no ombro e pesava 20 quilos, se transformava num fardo de 50 quilos em vista da correria e confusão. Dificílimo para se movimentarem. Com a queda da segunda torre, os celulares da época tiveram a comunicação cortada, o que isolou repórter e cinegrafista naquela área distante do escritório da TV Globo.

Edney associou essa cobertura à reportagem que fez, anos depois, com uma inovadora tecnologia de captação de imagens.

> *A abertura do Globo Repórter sobre a Catalunha, em 2019, foi um plano sequência aéreo de três minutos gravado de uma única vez captado por um superdrone.*
> *O plano inteiro, sem cortes, mostra minha caminhada sobre a ponte construída há quase mil anos e ao mesmo tempo traz para o quadro detalhes das casas, da própria ponte, das construções, da natureza ao redor.*
> *A abertura é a imagem síntese da pauta. E é isso que chamo de tecnologia a favor de captar a realidade.*

Edney Silvestre – Jornalista e escritor (2024)

Ben-Hur tem conhecimento profundo sobre inteligência artificial. Eu o conheço desde que começou a carreira no processo de seleção para o projeto *Passaporte SporTV*, em 2010. Ele não só se destacou na cobertura esportiva como se tornou correspondente de esporte da TV Globo nos Estados Unidos. Atualmente, se divide entre o jornalismo diário no Rio de Janeiro e a participação no time que debate o uso da IA nas redações do Grupo Globo.

Ele explica que as mudanças já acontecem em muitas redações pelo mundo. A discussão agora não é se vale ou não vale a IA. A discussão é como usar a IA generativa a favor do dia a dia do jornalista.

> *Na redação, já sentimos uma diferença em relação à velocidade e a precisão da apuração.*
> *Mas, lembro que a IA nos entrega em termos de informação o reflexo do que ela tem no conjunto que fez parte do seu aprendizado.*
> *É o jornalista quem tem a responsabilidade de analisar quais tipos de informação são inseridos em uma ferramenta de IA voltada para jornalismo.*
> *Por isso, afirmo, ela nunca substituirá o repórter que tem a informação primária que a alimenta!*
> *Exemplo: um repórter passa meses dedicados a uma*

investigação de um assunto, levantando todo tipo de informação com diversas fontes diretas, como políticos ou moradores de uma região específica — esse tipo de levantamento a IA não consegue fazer. Ela pode acessar fontes de informação, mas não colher diretamente.
E se ela não tem qualquer informação anterior sobre o assunto, ou seja, se ela não foi alimentada com dados sobre o assunto, não consegue compor um conteúdo profundo sobre aquilo.

Ben-Hur Correia – Repórter (2024)

As empresas de comunicação, preocupadas com riscos como desinformação e quebra de direitos autorais, estão criando regras internas para uso dos robôs. O Grupo Globo já divulgou as normas no documento "Princípios Editoriais com uso de Inteligência Artificial no Jornalismo"[2]. O texto orienta os jornalistas a usarem IA para:

otimizar o processo de apuração das notícias, na realização de busca e levantamento de informações, no processamento de grandes volumes de dados e no acesso a bases de dados confiáveis.

E ressalta:

> *a responsabilidade final pelo conteúdo veiculado será sempre dos profissionais envolvidos. Os jornalistas devem criar estratégias para que os erros da IA não resultem em erros na cobertura jornalística.*

Definições, com o aval de Ben-Hur Correa:
A *Inteligência Artificial (IA)* tenta simular o funcionamento da inteligência humana em computadores, e para isso se apoia em técnicas de programação como aprendizado de máquina (*machine learning*), visão computacional e processamento de linguagem natural. As ferramentas de IA conseguem analisar grandes volumes de dados, produzir análises, inferir possíveis resultados e são projetadas para tarefas específicas.

A *Inteligência Artificial Generativa (GenAI)* é um ramo específico da IA que se concentra na criação de conteúdos. Em vez de apenas analisar dados existentes, a GenAI pode gerar textos, imagens, músicas e outros tipos de conteúdo de forma autônoma a partir dos comandos dados. Isso foi possível através do refinamento do machine learning aliado ao processamento de linguagem natural. Modelos de IAG, como o GPT-4, são treinados em grandes quantidades de dados e podem produzir resultados como escrever histórias, criar obras de arte digitais ou compor músicas. Tudo baseado no conteúdo que fez parte do seu treinamento.

Em agosto de 2024, a *LatAm Journalism Review* — revista digital para jornalistas do Knight Center da Universidade do Texas[3] — publicou um artigo com conceitos-chaves sobre IA[4] que todo jornalista precisa conhecer. Mesmo que você já esteja alerta para o assunto, a leitura vale a pena pelo didatismo e pelos exemplos.

Testando a IA

Então, para não dizer que não usei a IA, fui atrás de um exemplo prático e conversei com o robô que estava mais à mão, o ChatGPT:

> **O ChatGPT** é a primeira ferramenta de IA generativa a ser disponibilizada para o público no formato de conversa, chat. Foi lançado em 30 de novembro de 2022 pela OpenAI.
> Seu nome combina Chat referindo à sua função de um robô que conversa e GPT que significa *Generative Pre-trained Transformer*.

Perguntei ao ChatGPT:

> "Como você aplica o storytelling em uma notícia?

Ele respondeu com muita rapidez. Supereficiente.

Achei a história que ele criou correta, como um relato quase descritivo. Entretanto, o formato da história que ele entregou estava interessante como modelo didático. Resolvi aproveitar o formato e fiz ajustes ao texto. Os dois exemplos estão a seguir.

Matéria do ChatGPT

"A Escola que Não Silencia: a luta de uma comunidade pelo futuro de suas crianças"

Na terça-feira, as portas da Escola Municipal Esperança amanheceram fechadas, as aulas suspensas e trezentas crianças não puderam entrar por causa de rachaduras nas paredes, infiltrações nos corredores e de um teto que ameaçava desabar.

1. Apresentando o herói

Maria dos Santos, mãe de dois alunos, contou que, há duas semanas, a filha, Larissa, 8 anos, chegou em casa dizendo que a água estava pingando dentro da sala de aula. — Eu nunca pensei que o problema fosse tão grande. Agora, a escola está fechada, e não sei para onde vão as crianças, diz Maria.

2. Linha do tempo

Há seis meses, as primeiras reclamações surgiram entre pais e professores e apesar dos pedidos de manutenção, a resposta da prefeitura foi: "Estamos analisando o caso." Quando choveu torrencialmente, a diretora decidiu fechar a escola. Agora, Maria e outras mães da comunidade se reúnem em frente à escola esperando uma solução.

3. Detalhes sensoriais

O som da água gotejando, ecoando nos corredores vazios, ainda ressoa na mente das crianças. As cadeiras, antes ocupadas por alunos inquietos, estão cobertas de poeira. Do lado de fora, o cheiro de terra molhada, típico da chuva que castigava a cidade, se mistura ao sentimento de desespero dos pais.

4. Tensão narrativa

Enquanto a prefeitura promete que uma nova escola será construída em até dois anos, as crianças estão sendo realocadas em instituições distantes, sem transporte público adequado. Para Maria, que não pode se ausentar do trabalho, é uma rotina de desafio. — Não sei até quando vou conseguir levar meus filhos para a escola do outro lado da cidade, ela diz.

5. Emoções

Maria lembra que a festa de fim de ano na escola agora parece um sonho distante. — A Larissa era tão feliz ali. Ela adorava os professores, os amigos. E agora o que vai ser dessas crianças?, pergunta.

6. Reflexão final

A comunidade, que antes se orgulhava da pequena escola, agora se une em busca de respostas. Enquanto o futuro das crianças parece incerto, uma pergunta ecoa entre os moradores: quanto vale a educação em um país onde o descaso com a infraestrutura deixa tantas escolas à beira do colapso?

A matéria do Chat GPT com alguns ajustes meus

"A luta de uma comunidade pelo futuro de suas crianças"

Começo: gancho/contexto

Por que as portas da Escola Municipal Rei Fernando II foram fechadas na última terça-feira? Não estamos em tempo de férias! A verdade é que as portas foram fechadas porque a situação é muito grave. Trezentas crianças estão sem aulas, pois o prédio está ameaçado. Há meses, sem qualquer manutenção, existem rachaduras nas paredes, infiltrações nos corredores e até o teto da quadra ameaça desabar. Um perigo para crianças e professores. Nesse momento, o abandono e o descaso apontam para um futuro incerto.

Começo: personagem

As mães estão em frente à escola, em protesto. Maria dos Santos é uma delas. Ela tem dois filhos que estudam aqui e sua preocupação é evidente. Maria — como as outras mães — quer saber: quando a escola vai voltar a funcionar?

Ela lembra que, há poucas semanas, a filha Larissa, de 8 anos, chegou em casa assustada e contou: "Mãe, a água está pingando dentro da sala de aula."

Maria ficou preocupada, mas não imaginava que a situação era grave a ponto de suspender as aulas. "Eu nunca pensei que o problema fosse tão grande. Agora, vejo a escola ali, fechada, e me pergunto: para onde vão as crianças?"

Meio: desenvolvimento

Há um bom tempo que o teto da quadra esportiva já estava

deteriorado. Agora, está por um fio. As infiltrações e as rachaduras são muitas, por todo lado. Há água pingando pelos corredores. Pais e professores estão reclamando da situação em que se encontra o prédio da escola há seis meses. Apesar dos pedidos de socorro, a resposta da prefeitura era sempre a mesma: "Estamos analisando o caso." Até que, com a chuva forte de domingo, a diretora tomou uma decisão muito difícil, mas necessária. Fechar a escola para salvar as crianças!

Meio: tensão/emoção

O maior problema nesse momento é que as crianças foram distribuídas para outras escolas da comunidade, que são distantes e não têm transporte público. Para Maria, que trabalha o dia inteiro, a nova rotina surge como um enorme desafio. "Não sei até quando vou conseguir levar meus filhos para a escola do outro lado da cidade."

Fim: reflexão/emoção

A prefeitura prometeu construir uma nova escola em até dois anos. Mas a comunidade, que se orgulhava da Escola Rei Fernando II, só consegue ver incertezas em relação ao futuro. E a festa de fim de ano? Vai acontecer? Maria se entristece. As crianças se prepararam o ano inteiro e agora a comemoração virou um sonho distante. "A Larissa era tão feliz ali. Ela adorava os professores, os amigos. E agora? Será que vão lembrar dessas crianças?"

O robô sempre vai responder com rapidez e agilidade, tendo um bom desempenho. Mas acredito que a experiência do jornalista ao escrever um texto ou idealizar um roteiro sempre será personalizada e única.

Lembre-se

Foco em pessoas, humaniza o conteúdo.

A estrutura de começo, meio e fim é uma boa base.

Mantenha suspense e emoção até o final da história.

---

1. O discurso de Chimamanda é belíssimo e necessário para todos que pretendem contar histórias verdadeiras. ADICHIE, Chimamanda Ngozi. Chimamanda Adichie: o perigo de uma única história. In: TEDGLOBAL, 2009, Oxford. [Palestra]. Nova York: TED Conferences, 2009. Disponível em: https://www.ted.com/talks/chimamanda_ngozi_adichie_the_danger_of_a_single_story?subtitle=en&lng=pt-br&geo=pt-br.
2. PRINCÍPIOS Editoriais do Grupo Globo. G1. Disponível em https://g1.globo.com/principios-editoriais-do-grupo-globo.html#Apuracao_producao_e_distribuicao_de_jornalismo_com_auxilio_de_IA.
3. O Knight Center é um centro de estudos que foi criado em 2002 por Rosental Calmon Alves, titular da Cátedra UNESCO em Comunicação e da Cátedra Knight de Jornalismo na Escola de Jornalismo da Universidade do Texas, em Austin. Além disso, publica a *LatAm Journalism Review*, revista digital em espanhol, inglês e português com artigos sobre temas atuais, compartilhando conhecimento de interesse essencialmente para jornalistas da América Latina e do Caribe.

4. LINARES, César López. 15 conceitos para entender a IA no jornalismo – e os seus usos em redações. LatAm Journalism Review, 2024. Disponível em: https://latamjournalismreview.org/pt-br/articles/15-conceitos-para-entender-a-ia-no-jornalismo-e-os-seus-usos-em-redacoes/.

15. Afinal, Tem Receita?

A necessidade de contar e ouvir histórias é essencial para a espécie Homo sapiens. *Milhões sobreviveram sem amor ou sem casa, quase nenhum em silêncio; o oposto do silêncio leva rapidamente para a narrativa, e o som de história é o som dominante de nossas vidas, desde os pequenos relatos de acontecimentos do nosso dia até as vastas construções incomunicáveis dos psicopatas.*

Reynolds Price – (1933–2011)

Reynolds Price, escritor que fez parte da geração de romancistas norte-americanos como Gore Vidal e Truman Capote, é do mesmo time de Paul Auster: histórias são imprescindíveis. Fato é, que por serem assim imprescindíveis não combinam com receitas de ingredientes triviais nem fórmulas padronizadas.

Não existe receita única, passo a passo perfeito, guia definitivo. Tem que testar ingredientes, medidas, formatos, texturas, sabores, aromas, coberturas e recheios. Não existe receita de bolo nem para bolo.

No programa *Ofício em Cena*, do canal Globonews, em agosto de 2015, o roteirista e escritor pernambucano George Moura foi questionado sobre a fórmula do sucesso. Apesar de anos de experiência, respondeu, sincero:

> *A fórmula do sucesso ninguém tem.*
> *Agora, do fracasso eu tenho: é tentar escutar todo mundo e tentar botar todas as ideias dentro do capítulo. Vai ficar uma desgraça.*
> *É preciso ter vivência para escrever determinadas coisas, mas não tem fórmula. Não dá para, nos dias de hoje, achar que nada foi inventado e que você vai ser o inovador original. Não tem fórmula matemática. O grande lance é ver tudo, estudar tudo, ler muito e depois esquecer tudo. E o importante é permanecer desejoso de dizer algo e ser rigoroso consigo mesmo.*
>
> George Moura – Jornalista e roteirista (2015)

Considerando a metáfora da receita do bolo, penso assim:

Você pode fazer a receita de um bolo de laranja, medir os ingredientes bem direitinho, misturar tudo e colocar no forno.

Cerca de uns quarenta minutos depois, um cheirinho bom invade a cozinha e o bolo quentinho é degustado com um cafezinho. Delícia!

Por outro ponto de vista... você pode mudar a receita:

A mesma receita, os mesmos ingredientes e o dobro de suco de laranja na massa. *Eita!* Coloca no forno e quando der o tempo, o que tem? Um bolo molhado, açucarado, desmontado.

Trabalho perdido? Talvez não. Como um chef pâtisserie, você quis dar seu toque à receita. Ponto a favor! O que precisa é experimentar mais vezes, treinar mais, tirar, colocar, mudar a medida dos ingredientes. Então, deixa o bolo queimar, açucarar, desmontar.

Quanto mais queimar, significa que você ousou mais na receita. Testou novos ingredientes, novas texturas. Entendo que é daí, dessa ousadia de experimentar em cima da receita padronizada, que você terá o seu próprio bolo gourmet!

Assim, como o bolo de laranja, podemos ousar na experimentação das estruturas das narrativas. Ousar e mexer no que pode ser mexido, experimentar e conseguir inovar. Inovar significa atualizar, modernizar, inventar, reformar. E acontece pelo método simples de erro e acerto.

Se nos conformarmos com a mesma receita de bolo de laranja, se nos adaptarmos à escassez de ideias e ao medo de termos ideias, paralisamos. Ou entramos na zona de conforto, que pode ser boa para alguns, mas leva a lugar nenhum! Não vale a pena paralisar...

Tenho comigo a perspectiva de que antes de modificar o mundo, uma ideia modifica a quem a tem.

As ferramentas do rei

Uma caixa de ferramentas de um marceneiro, daquelas bem completas, tem de um tudo. De martelo e alicate a pregos grandes e miúdos, parafusos estranhos, serra, brocas, chaves de fenda, fios, arame, bandejas e caixinhas, divisórias variadas.

O escritor Stephen King que já vendeu mais de 400 milhões de livros em mais de 40 países, sugere que *cada um de nós tenha a sua própria caixa de ferramentas*. Mas, não é a do marceneiro! É a que tem as ferramentas para se construir a escrita.

Em posts somos desafiados à escrita. Sim, o audiovisual tem sua representação, mas o texto escrito é valioso em posts e artigos que compartilhamos nas plataformas. Eles mostram quem você é, pois uma escrita autêntica tem valor inestimável. E, Stephen King é um rei quando se trata de ensinar quem deseja conhecer a arte de escrever.

Brincadeiras à parte, o escritor é o mestre do suspense, um dos maiores nomes da literatura de terror, sobrenatural, ficção científica. Seu estilo totalmente próprio de tramas assustadoras e complexas, texto envolvente e cheio de detalhes, mundos misteriosos de personagens sinistros seduzem leitores do início ao fim. Ele tem milhares de fãs em todo o mundo porque suas histórias são inesquecíveis.

O estilo de King está presente em praticamente todas as suas obras publicadas desde *Carrie*, seu primeiro livro de 1974, até tantos outros como *O Iluminado*, *A Dança da Morte* e *It: A coisa*! Por ser brilhante, ele é também generoso para quem deseja desenvolver a habilidade de escrever histórias. Só de ler seus livros já é uma inspiração.

Em 2000, Stephen decidiu compartilhar suas memórias e experiências, relembrando acontecimentos desde a infância, que o tornaram o escritor que é. Ao mesmo tempo, com naturalidade, quis ensinar a quem está interessado a construir personagens e tramas a partir de seu processo.

O livro *Sobre a Escrita: A arte em memórias* é espetacular. Uma aula completa, para ler e reler, sobre a essência do ato de escrever. Os conselhos são simples, práticos, objetivos e preciosos. Sabe aquela vontade de sublinhar as frases de um livro enquanto lê? Neste livro de Stephen King você quer destacar frases em todas as páginas!

A caixa de ferramentas merece um capítulo.

A ferramenta mais comum de todas é o pão da escrita, o vocabulário. Coloque seu vocabulário na primeira bandeja de sua caixa e não faça qualquer esforço consciente para melhorá-lo.
A gramática também tem que ficar na bandeja de cima da sua caixa. Ela é a estrutura em que você se apoia para construir os pensamentos e colocá-los no papel. Substantivos e verbos são duas classes indispensáveis na escrita. O advérbio não é seu amigo.

E, ainda, definitivo:

Se você quer ser escritor, existem duas coisas a fazer acima de todas as outras: ler muito e escrever muito. Que eu saiba não há como fugir dessas duas coisas, não há atalho. Cada livro que se pega para ler tem uma ou várias lições e geralmente os livros ruins têm mais a ensinar que os bons. Aprendemos mais sobre o que não fazer.
A boa escrita, por sua vez, ensina o escritor aprendiz sobre estilo, narração elegante, desenvolvimento de enredo e criação de personagens críveis e também sobre como dizer a verdade.
Ser emocionalmente atingido pela combinação de grande história com grande escrita — ser humilhado,

na verdade — faz parte da formação necessária a todo escritor.

Stephen King – Sobre a Escrita (2000)

Que História Quero Contar?

O que existe além do óbvio, o que a história esconde?
O que vai dar à minha narrativa um toque singular e universal?

Essas premissas nos levaram, a mim e a João Rocha, a criar e apresentar entre 2017 e 2020, o workshop "Que História Quero Contar?" Durante três anos, levamos esse trabalho a todos os profissionais envolvidos no processo do jornalismo audiovisual das emissoras e afiliadas da Rede Globo TV e internet; profissionais da apuração, produção, cinegrafia, arte, repórteres, editores, chefia de redação, editorias local, regional, nacional, programas semanais, de esporte — ou seja, mais de novecentar pessoas assistiram ao curso que criamos em conjunto.

O João é um profissional completo do audiovisual; exímio diretor de fotografia, cameraman e editor de imagens com técnica e sensibilidade peculiares somadas à habilidade estética e artística para transformar reportagens jornalísticas em minidocumentários. Eu, sou editora, roteirista, tenho conhecimento da escrita e da edição do audiovisual, o olhar educado para conciliar texto e imagem e o aprendizado das salas de aula das faculdades de comunicação.

Juntamos nossas ideias. Não tínhamos receita, nem fórmulas, nem padrões para entregar. O que tínhamos era a mistura de saberes, vivências e experiências no audiovisual e o desejo de discutir o trabalho do jornalismo de TV que já vinha se modificando pela evolução da tecnologia e por novos modos de fazer.

Queríamos também inspirar um movimento de concepção mais livre de matérias. A realização do trabalho jornalístico diário, constante, de certa forma repetitivo, provoca naturalmente o acomodamento, a insatisfação e o desânimo. A zona de conforto é sempre mais confortável.

Nosso workshop era provocativo, composto por um roteiro com informações em variados formatos que pudessem gerar *insights* e *inspirações*. Nas primeiras apresentações, nas emissoras Globo do Rio e de São Paulo, recebemos elogios, sugestões e questionamentos. Como nosso roteiro era aberto fomos incorporando mudanças. Era tentador mostrar aos colegas o que acreditávamos ser estímulo e incentivo.

Em uma espécie de narrativa em três atos, apresentávamos

um conteúdo denso, lúdico e informativo intercalado com pontos de virada e muitos ganchos. Nosso workshop era em si um storytelling!

> *No jornalismo a história é sempre mais importante do que a forma. E ela deve ser compreensível. O recurso técnico não pode roubar o foco da história. Da abordagem à captação, do roteiro até a finalização, ele tem que ser um acessório, um suporte para ajudar a conduzir a história, apresentá-la por novas perspectivas, explorar suas nuances.*
> *Mas é importante lembrar que é também o recurso, seja o equipamento ou a palavra, o som ou a luz, que faz da história comum uma história atraente.*
>
> João Marcos Rocha – Diretor de fotografia (2017)

Nosso foco era buscar o que pudesse aperfeiçoar o processo e apresentar ideias significativas para o trabalho jornalístico. Nosso roteiro nunca se estabilizou; era dinâmico e mutante, sem perder o entrosamento entre as partes e o todo.

> *A gente revirava o roteiro, remontávamos ele de várias formas possíveis. Era quase um Lego®, começo no fim,*

fim no meio, invertia tudo de novo. Algo interessante, e que tem a ver com a longevidade do nosso conteúdo, é que falávamos de coisas atemporais que funcionam no digital, no analógico, de várias formas. Enfim, acho que foi por causa desse trabalho todo, dessa época divertida, mas de trabalho árduo, que ganhei bastante cabelo branco!

João Marcos Rocha – Diretor de fotografia (2024)

"Que História Quero Contar?" foi uma rajada de vento. Em todos os sentidos. Percebíamos, pelos olhares das pessoas que uma faísca se acendia. Estávamos plantando sementes. Em algum momento germinariam. Minha gratidão pessoal por esse tempo dedicado às nossas aulas e à troca de ideias com colegas sobre inovação e jornalismo audiovisual é imensa.

16. Recado 2

Curiosidade. Substantivo feminino: desejo intenso de ver, ouvir, conhecer, experimentar algo novo, desconhecido. A curiosidade promove o aprendizado.

Há muitos anos, uma professora me disse:

> *Se você aprecia orquídeas, seja uma pessoa curiosa sobre orquídeas. Leia sobre elas, estude, conheça as diferenças, as origens, as cores, o tipo de broto, como crescem. Saiba tudo sobre elas. Vai que um dia, o papa desembarca no Rio de Janeiro e, ao descer do avião, recebe um vaso de belíssimas orquídeas. Entre tantas reportagens, talvez a sua seja a única que traga um parágrafo sobre a origem da orquídea que o papa recebeu. É importante? Sim e não. É um diferencial? Sim.*

Nos dias de hoje, a historinha parece sem sentido porque você dá um Google e descobre tudo sobre orquídeas. Não precisa passar a vida estudando não é? De qualquer forma, há algo que considero bem significativo e me motiva. Sempre que for possível aprender algo novo, vai valer a pena.

O ato de estudar faz o cérebro se renovar. Quando uma pessoa estuda, repete, relembra e absorve novas informações, ela provoca a neuroplasticidade — a capacidade do sistema nervoso de sofrer modificações permitindo que novas ligações entre os neurônios (as sinapses) aconteçam. O cérebro é composto de bilhões de células, os neurônios, que se comunicam através de conexões, as sinapses.

Quando aprendemos algo novo, o cérebro gera novas conexões sinápticas. Como são recém-nascidas, essas conexões chegam com força total para formar uma rede de neurônios mais poderosa. O cérebro recebe algo como uma injeção de vitalidade! O que é muito bom para quem quer viver mais, viver com qualidade!

Pesquisas indicam que estudar estimula a memória, ativa a concentração e, com o hábito, aumenta a capacidade de aprender. Quanto mais estudamos e exercitamos o cérebro, mais protegido ele estará de doenças de degenerativas.

Semelhante efeito acontece quando ouvimos ou lemos uma história. Partes do cérebro são ativadas: como um quebra-cabeças, ideias novas vão se encaixando nas nossas próprias ideias — as que você recebe e as que você já tem. É dessa forma, por assimilação, que melhoramos o poder de fixação da nossa mente.

A curiosidade e a observação são qualidades que podem ser aprendidas. Funções elementares que expandem a *rede de conhecimento essencial*. A partir dessa expansão, fazemos as conexões que são utilizadas para criar, ousar e inovar! Ter competência para conhecer as técnicas e saber abrir mão delas quando necessário é um artifício que só adquire quem tem repertório, a rede de conhecimento essencial.

Quando você muda a chave do olhar traz para fora de você mesmo o que é autêntico, genuíno, original. Abra o olhar... sem medo! Veja o que o jornalista Marco Gudolle recomenda na "Carta ao Jovem Autor", artigo que foi publicado no site do Portal de Desenvolvimento Artístico da TV Globo, em 2018:

> *Cada pessoa que cruza nosso caminho é um potencial tesouro para quem deseja viver de contar histórias, reais ou imaginárias.*
> *Não deixar que essas preciosidades passem sem ser percebidas é um exercício diário e desafiador, que demanda pelo menos duas ferramentas básicas: observação e sensibilidade.*

Quando se fala de criatividade e imaginação, é preciso expandir nossa mirada se quisermos conhecer novos lugares, sensações e pontos de vista.
É claro que também podemos — e devemos — ampliar nossos horizontes por meio de notícias, literatura, cinema, teatro, viagens.

Marco Gudolle - "Carta ao Jovem Autor"

Mais dois recados

O principal romancista turco, Orhan Pamuk, é traduzido em mais de cinquenta idiomas e no Brasil tem mais de quinze livros publicados. Nasceu em 1952 em Istambul , foi professor na Universidade de Columbia nos Estados Unidos, ganhou vários prêmios literários e fama internacional. Em 2006, recebeu o Nobel de Literatura. Seu primeiro livro publicado no Brasil foi em 2004, *Meu Nome é Vermelho*, escrito em 1998. E foi com ele que Pamuk se tornou conhecido fora da Turquia.

Em 2009, Pamuk apresentou seis palestras na Universidade de Harvard sobre seu gênero literário preferido, o romance. Ele contou a experiência de ser um escritor em um país periférico e o papel que a escrita e a literatura desempenham fora dos grandes centros culturais do mundo.

No livro *O Romancista Ingênuo e o Sentimental* estão reunidas as palestras de Pamuk. É uma leitura bem bacana para quem gosta de criar histórias pelas ideias e reflexões que Pamuk propõe sobre a arte de escrever.

> *Há algo de tão especial em escrever e ler romances, um aspecto ligado à liberdade, imitar outras vidas e imaginar-se como outra pessoa, que eu gostaria de me demorar um pouco nesse ponto ético.*
> *Um dos aspectos mais prazerosos de escrever um romance é a constatação de que o romancista muda pouco a pouco, enquanto deliberadamente se coloca no lugar de suas personagens e enquanto realiza pesquisas e usa a imaginação. Ele não só vê o mundo pelos olhos de seu herói, como acaba se parecendo com seu herói!*
> *Outro motivo que me faz amar a arte de escrever é que ela me obriga a ir além do meu próprio ponto de vista e me tornar outra pessoa. Como romancista, tenho me identificado com outras pessoas e saído das fronteiras de meu eu, adquirindo um caráter que antes não tinha.*
>
> Orhan Pamuk – O Romancista Ingênuo e o Sentimental (2011)

Muitos anos antes, o poeta e escritor Rainer Maria Rilke dava conselhos a um poeta iniciante. Rilke já era famoso quando recebeu a primeira carta de Franz Xaver Kappus pedindo ajuda. Essa carta foi o início de uma longa troca de correspondência entre os dois. Durante cinco anos, Rilke não apenas o aconselhava sobre a arte da escrita, mas também incluía observações do que considerava aspectos importantes da vida para um rapaz.

Cartas a um Jovem Poeta (entre 1903 e 1908) é hoje uma das obras mais conhecidas de Rainer Maria Rilke, tanto pela simplicidade das lições de como escrever quanto pelas lições de vida. Kappus publicou as cartas em 1929, três anos após a morte do mestre.

> *As coisas não são todas possíveis de apreender e de exprimir, como quase sempre gostaríamos de acreditar; a maioria dos acontecimentos é inexprimível, configura-se em um espaço no qual palavra alguma jamais entrou; e mais inexprimíveis que tudo são as obras de arte, existências misteriosas, cuja vida perdura enquanto a nossa passa.*
>
> *E por fim... nada poderá perturbá-lo de modo mais veemente do que olhar para fora e aguardar dali a resposta a questões que talvez só possam ser respondidas pelo seu sentimento mais íntimo, nos seus*

momentos mais tranquilos.

Rainer Maria Rilke (1875–1926)
Cartas a um Jovem Poeta (1929)

Open ending

Em uma pequena estante, bem à frente da minha mesa de trabalho, tenho meus livros preferidos sobre jornalismo, roteiro, storytelling, romances. Enquanto escrevo, pesquiso. Abro páginas, leio parágrafos, seleciono frases, e quando não encontro o que desejo, claro, "dou um Google"! Há livros inteiros disponíveis no universo digital. Seleciono e guardo em meus arquivos. Às vezes, me perco em tantas páginas abertas na tela do notebook.

Uma frase provoca uma curiosidade a mais, nem sempre por necessidade, mas porque nos provoca a perseguir novos rumos. Há muita facilidade para aprender hoje em dia. Gosto desse hábito. E gosto de ver meus livros enfileirados, do maior para o menor, com suas marcações coloridas saindo do topo das páginas.

O open ending do roteiro cinematográfico deixa perguntas sem respostas. Pode parecer confuso, mas é um artifício para o público ter liberdade de interpretar por si o desenlace, o desfecho. Acho interessante, pois a mensagem, ou a moral da história, depende de quem a recebe, do seu bom senso, ética, conhecimento e comprometimento.

Então, agora, chegamos ao momento em que fecham-se as cortinas do último ato. A história chega ao fim.

Aristóteles define o tempo como algo percebido por causa de uma mudança, de um movimento, ou seja, a sequência de "antes de" e "depois de". Aproveitando mais uma vez a definição do mestre, proponho a busca do tempo como movimento subjetivo. O movimento de cada um, leitor, que chegou até esta página.

Por isso, quando for de sua disponibilidade ou de sua necessidade, sinta-se à vontade e seja o protagonista de seu próprio tempo: aproprie-se do que considera conveniente e justo de tudo o que leu por aqui.

Se o tempo permitir e você o desejar, na lógica do livre pensar, crie sua narrativa mais autêntica, analógica, digital, em texto, vídeo, post ou reel, e lembre-se de exercitar o poder da história como equipamento para a vida, como nos ensinou Kenneth Burke.

17. Referências

Fontes Impressas

ADICHIE, Chimamanda Ngozi. **O Perigo de uma história única**. São Paulo: Companhia das Letras, 2019.

BINI, Edson. **Poética — Aristóteles**. São Paulo: Edipro, 2011.

BRADY, Ben; LEE, Lance. **The understructure of writing for film and television**. Texas: University of Texas Press, 1988.

BRANDÃO, Junito de Souza. **Teatro grego: tragédia e comédia**. Petrópolis: Vozes, 2002.

BROWN, Brené. **A Arte da Imperfeição**. Ribeirão Preto: Novo Conceito, 2012.

BURKE, Kenneth . **Teoria da forma literária**. São Paulo: Cultrix, 1969.

CAMPBELL, Joseph; MOYERS, Bill. **O poder do mito**. São Paulo: Palas Athena, 1990.

CAMPBELL, Joseph. **O herói de mil faces**. 1. ed. São Paulo: Pensamento, 1995.

CARRIÈRE, Jean-Claude. **A linguagem secreta do cinema**. Rio de Janeiro: Nova Fronteira, 1995.

CARRIÈRE, Jean Claude; BONITZER, Pascal. **Prática do roteiro cinematográfico**. 3. ed. São Paulo: JSN, 1996.

COMPARATO, Doc. **Da criação ao roteiro**. Lisboa: Pergaminho, 1992.

COSTA, César Vergara de Almeida Martins. **Direito e literatura**: a compreensão do direito como escritura a partir da tragédia grega. São Leopoldo: Universidade do Vale do Rio dos Sinos, 2008.

COUTINHO, Iluska. **Dramaturgia do Telejornalismo**. Rio de Janeiro: Mauad X, 2012.

DEL NERO, Henrique Schutzer. **O sítio da mente**: pensamento, emoção e vontade no cérebro humano. São Paulo: Collegium Cognitio, 1997.

DUARTE, Adriane da Silva; CARDOSO, Zelia. **Estudos sobre o teatro antigo**. São Paulo: Alameda, 2010.

FIELD, Syd. **Manual do roteiro**. Rio de Janeiro: Objetiva, 1995.

GANCHO, Cândida Vilares. **Como analisar narrativas**. São Paulo: Ática, 2002.

HEMINGWAY, Ernest. **Paris é uma festa**. Círculo do Livro, 1992.

ISAACSON, Walter. **Leonardo da Vinci**. Rio de Janeiro: Intrínseca, 2017.

KELLEY, David; KELLEY Tom. **Confiança criativa**: libere sua criatividade e implemente suas ideias. Rio de Janeiro: Alta Books,

2019.

KING, Stephen. **Sobre a escrita**: a arte em memórias. Rio de Janeiro: Suma, 2015.

MACIEL, Luiz Carlos. **O poder do clímax**: fundamentos do roteiro de cinema e TV. Rio de Janeiro: Record, 2003.

MCKEE, Robert. **Story**: substância, estrutura, estilo e os princípios da escrita de roteiro. Curitiba: Arte & Letra, 2006.

MATOS, Gislayne Avelar. **Storytelling**: líderes narradores de histórias. Rio de Janeiro: Qualitymark, 2010.

PAMUK, Orhan. **O romancista ingênuo e o sentimental**. São Paulo: Companhia das Letras, 2011.

PARAIZO, Lucas. **Palavra de roteirista**. São Paulo: Senac, 2015.

PRICE, Reynolds. **A palpable God**: thirty stories translated from the Bible, with an essay on the origins and life of narrative. Akadine Press, 1997.

RILKE, Rainer Maria. **Cartas a um jovem poeta**. Rio de Janeiro: Antofágica, 2024.

RODRIGUES, Bruno. **Webwriting e UX Writing**: redação para mídia digital. Rio de Janeiro: Senac Rio, 2024.

SAMUELSON, Arnold. **With Hemingway**: a year in Key West and Cuba. Nova York: Holt, Rinehart and Winston, 1985.

SILVA, Roberto Vinicius da. **Audiovisual nas redes sociais**. Recife: Unibra, 2022.

SOARES, Sérgio J. Puccini. **Documentário e roteiro de cinema**:

da pré-produção à pós-produção. Campinas: Universidade Estadual de Campinas, 2007.

TALESE, Gay. **Fama e anonimato**. São Paulo: Companhia das Letras, 2004.

TRUBY, John. **Anatomia da história:** 22 passos para dominar a arte de criar histórias. Editora Seiva, 2024.

VOGLER, C. **A Jornada do Escritor**: estruturas míticas para escritores. 2. ed. Rio de Janeiro: Nova Fronteira, 2006.

XAVIER, Adilson. **Storytelling**: histórias que deixam marcas. Rio de Janeiro: Best Business, 2015.

Fontes eletrônicas

ABRA, Departamento de Pesquisa e Cultura. A Última Ceia: a obra de Da Vinci que quase deixou de existir. Academia Brasileira de Arte. Disponível em: https://abra.com.br/artigos/a-ultima-ceia-a-obra-de-da-vinci-que-quase-deixou-de-existir/.

ABRIL, Guillermo. Steven Spielberg: "O medo é meu combustível". El País, 2018. Disponível em: https://brasil.elpais.com/brasil/2018/03/19/eps/1521458978_727072.html.

A ERA dos vídeos: como criar conteúdo audiovisual de sucesso.

Raiz de Ideias. Disponível em: https://www.raizdeideias.com.br/a-era-dos-videos-como-criar-conteudo-audiovisual-de-sucesso.

ARISTÓTELES. Arte Poética. Domínio Público. Disponível em: http://www.dominiopublico.gov.br/pesquisa/DetalheObraForm.do?select_action=&co_obra=2235.

ARISTÓTELES. Poetica, 250r-259v. Vatican Library Digital Collection. Disponível em: https://digi.vatlib.it/mss/search?k_f=3&k_v=Poetica%20&f[]=a%3AAristoteles.

CAÚ, Maria Castanho. Para além do entrelugar: o roteiro audiovisual enquanto gênero literário. Revista Moventes, 2020. Disponível em: : https://revistamoventes.com/2020/05/31/para-alem-do-entrelugar-o-roteiro-audiovisual-enquanto-genero-literario/.

COLE, Nicolas; BUSCH, Dickie. How To Unlock The Magic Of Pixar's Storytelling Rule #4 With AI. Write With AI (Substack), 2025. Disponível em: https://writewithai.substack.com/p/how-to-unlock-the-magic-of-pixars.

COMO utilizar o storytelling nas redes sociais? Aprenda agora. mLabs, 2024. Disponível: https://www.mlabs.com.br/blog/storytelling-nas-redes-sociais.

COSTA, Jordi. Em 'Era uma Vez em... Hollywood', Tarantino

revela autêntico trabalho de amor cinéfilo. El País, 2019. Disponível em: https://brasil.elpais.com/brasil/2019/08/15/cultura/1565867317_883031.html.

CUARÓN, Alfonso. Roma Screenplay. DeadLine. Disponível em: https://deadline.com/wp-content/uploads/2018/12/Roma-Screenplay-SPANISH.pdf.

CYRINEU, Simone. A importância do roteiro em uma produção. Meio & Mensagem, 2021. Disponível em: https://www.meioemensagem.com.br/opiniao/a-importancia-do-roteiro-em-uma-producao/.

DOSSIÊ: "Mídia, Política e Democracia". Rev. Bras. Ciênc. Polít. (6), 2011. Disponível em: https://doi.org/10.1590/S0103-33522011000200009.

DUKAS, Helen; Hoffman, Banesh. Albert Eistein Answer his Mail. Princeton Alumni Weekly, 1979.Disponível em: https://paw.princeton.edu/article/albert-einstein-answer-his-mail.

ENG, Nicole Van Den. Overcoming Writer's Block with Psychology and Creative Training. Nicole & Rebecca Conquer Books. Disponível em: https://www.conquerbooks.com/overcoming-writers-block/.

ENTRE Palavras: O que é e como lidar com a Síndrome da Página em Branco. Eu Sou MS , 2021. Disponível em:

https://www.eusoums.com.br/post/entre-palavras-o-que-e-e-como-lidar-com-a-sindrome-da-pagina-em-branco.

Explore Leonardo da Vinci's notebooks: Codex Forster I. Victoria & Albert Museum. Disponível em: https://www.vam.ac.uk/articles/explore-leonardo-da-vinci-codex-forster-i?srsltid=AfmBOoqmKRTD8lSfrE9pg5aqypZs4zbIaI9Ng8fNYSkt9Np4aXbjQJJ5#?xywh=-97%2C851%2C1585%2C1066.

FREYTAG, Gustav. Freytag's Technique of the Drama. Google Books. Disponível em: https://books.google.com.br/books?id=nD8PAQAAMAAJ&printsec=frontcover&source=gbs_ge_summary_r&redir_esc=y#v=onepage&q=denouement&f=false.

GANESH, G., Minamoto, T. & Haruno, M. Activity in the dorsal ACC causes deterioration of sequential motor performance due to anxiety. Nature Communications, 2019. Disponível em: https://doi.org/10.1038/s41467-019-12205-6.

INTRODUCTION to storytelling. Khan Academy. Disponível em: https://www.khanacademy.org/computing/pixar/storytelling/we-are-all-storytellers/v/storytelling-introb

.

JEAN-LUC Godard e seus filmes em linha reta. Revista Filme Cultura 43. Gov.br — Ministério da Cultura, 1984. Disponível em: https://www.gov.br/cultura/pt-br/assuntos/revista-filme-cultura/revista-filme-cultura-43.

LINARES, César López. 15 conceitos para entender a IA no jornalismo – e os seus usos em redações. LatAm Journalism Review, 2024. Disponível em: https://latamjournalismreview.org/pt-br/articles/15-conceitos-para-entender-a-ia-no-jornalismo-e-os-seus-usos-em-redacoes/.

MACHADO, Teca. Conselhos de Escrita de Gabriel García Márquez. Editora Albatroz, 2021. Disponível em: https://editoraalbatroz.com.br/conselhos-de-escrita-de-gabriel-garcia-marquez/.

MCKEE, Robert. A story is a design in 5 parts: The Inciting Incident, Progressive Complications, Crisis, Climax + Resolution #writingtips #amwriting. [S.l.], 07 out. 2017. X: @McKeeStory. Disponível em: https://x.com/McKeeStory/status/916738399108726785.

MOYERS & Company. George Lucas Tells Bill Moyers About the Mentors in His Career. [Vídeo online]. [S. l.], 4 maio 1999. Disponível em: https://www.youtube.com/watch?v=dNs7c41JbTI.

OVERBYE, Dennis. Christopher Nolan and the Contradictions of J. Robert Oppenheimer. The New York Times, 2023. Disponível em: https://www.nytimes.com/2023/07/20/movies/christopher-nolan-oppenheimer.html.

PASSOS, Dito. Picasso Guernica Processo Criativo - Artes Plásticas Escola Guignard. SlideShare, 2018. Disponível em:

https://pt.slideshare.net/slideshow/picasso-guernica-processo-criativo-artes-plsticas-escola-guignard/101150748.

PEREIRA, Raquel. Tendências de Consumo de Vídeo em 2024: O Que os Profissionais de Marketing Precisam Saber? Agência Mestre, 2024. Disponível em: https://www.agenciamestre.com/marketing-digital/tendencias-de-consumo-de-video/.

PIXAR in a Box. Pixar. Disponível em: https://www.pixar.com/pixar-in-a-box.

REFLEXÕES de Aristóteles sobre o teatro e a poética continuam pertinentes. Globo Ciência, 2011. Disponível em: https://redeglobo.globo.com/globociencia/noticia/2011/10/reflexoes-de-aristoteles-sobre-o-teatro-e-poetica-continuam-pertinentes.html.

RIBEIRO Jr., Wilson. A história dos gregos. Portal. Graecia Antiqua, São Carlos. Disponível em: https://greciantiga.org/arquivo.asp?num=0019.

SEASTROM, Lucas. Mythic Discovery Within the Inner Reaches of Outer Space: Joseph Campbell Meets George Lucas – Part I. StarWars.com, 2015. Disponível em: https://www.starwars.com/news/mythic-discovery-within-the-inner-reaches-of-outer-space-joseph-campbell-meets-george-lucas-part-i.

SCHNAIDER, Amanda. Como o jornalismo brasileiro tem

reagido ao uso de IA? Meio & Mensagem, 2024. Disponível em: https://www.meioemensagem.com.br/midia/jornalismo-brasileiro-uso-de-ia.

SEMPLE, Kirk. Mexico City as the Director of 'Roma' Remembers It (and Hears It). The New York Times, 2019. Disponível em: https://www.nytimes.com/2019/01/02/movies/alfonso-cuaron-roma-mexico-city.html.

SINGER, Jerome L.; BARRIOS, Michael V. Imagery to Enhance Creativity. Writer's Block and Blocked Writers: Using Natural Imagery to Enhance Creativity. Cambridge University Press, 2010. Disponível em: : https://www.cambridge.org/core/books/abs/psychology-of-creative-writing/writers-block-and-blocked-writers-using-natural-imagery-to-enhance-creativity/697E89A94547662F8326CD28D7179DDD#.

TERA, Eloi De. Os cadernos de Leonardo da Vinci: Diário de uma mente em ebulição, National Geographic. Academia, 2022. Disponível em: https://www.academia.edu/78504287/OS_CADERNOS_DE_LEONARDO_DA_VINCI_Di%C3%A1rio_de_uma_mente_em_ebuli%C3%A7%C3%A3o_National_Geographic_Historia_Portugal_4_2022_march?email_work_card=view-paper.

THOMPSON, Nathan. How To Overcome Writer's Block: A Step-by-Step Guide. Copy.AI, 2024. Disponível em:

https://www.copy.ai/blog/overcome-writers-block.

TIPS for Becoming a Screenwriter. Master Class, 2021. Disponível em: https://www.masterclass.com/articles/tips-for-becoming-a-screenwriter?_gl=1*8aak8d*_gcl_au*ODgzMjExMDQ4LjE3MjE0Nzc3MDA.

TNT Brasil. Oscar 2019 | Alfonso Cuarón Vence Melhor Diretor. [Vídeo online]. [S. l.], 25 fev. 2019. Disponível em: https://www.youtube.com/watch?v=rVCUYKr3GVU.

TOLKIEN, J.R.R. As Cartas de J.R.R. Tolkien. Harpers Collin Publisher Ltda., 1981. Disponível em: : https://cnp-files.s3.sa-east-1.amazonaws.com/uploads/5icm3z8gcso5ucn2ixip/J.%20R.%20R.%20Tolkien%20-%20Cartas.pdf.

TOYAMA, Laura. Farol Jornalismo lança guia sobre uso de IA no jornalismo. Abraji, 2024. Disponível em: https://abraji.org.br/noticias/farol-jornalismo-lanca-guia-sobre-uso-de-ia-no-jornalismo.

WOJCIECHOWSKI, Mônica. Como Fazer um Roteiro. AIC, Academia Internacional de Cinema, 2017. Disponível em: https://www.aicinema.com.br/como-fazer-um-roteiro/.